Cómo preparar mensajes bíblicos

Dedicado afectuosamente a
ANNE
mi dedicada y amada esposa

Cómo preparar mensajes bíblicos

James Braga

PORTAVOZ

Título del original: *How to Prepare Bible Messages,* de James Braga, © 1969, 1981 por Multnomah Press, Portland, Oregon.

Edición en castellano: *Cómo preparar mensajes bíblicos,* © 1986 por Editorial Portavoz, filial de Kregel Publications, Grand Rapids, Michigan 49501. Todos los derechos reservados.

Traducción: Santiago Escuain

EDITORIAL PORTAVOZ
P.O. Box 2607
Grand Rapids, Michigan 49501 USA

Visítenos en: www.portavoz.com

ISBN 978-0-8254-1072-7

17 18 19 20 21 edición / año 17 16 15 14 13

Impreso en los Estados Unidos de América
Printed in the United States of America

Te encarezco delante de Dios y del Señor Jesucristo, que juzgará a los vivos y a los muertos en su
manifestación y en su reino, que prediques la palabra;
que instes a tiempo y fuera de tiempo; redarguye,
reprende, exhorta con toda paciencia y doctrina.

(2ª Timoteo 4:1-2)

CONTENIDO

PRÓLOGO

Si la Iglesia cristiana ha de mantener un testimonio activo en esta generación, y si los creyentes en Cristo han de crecer y desarrollarse hasta llegar a ser cristianos maduros y con un testimonio eficaz, es de importancia suprema que los pastores, maestros y otros conductores de la Iglesia les provean de «la leche espiritual no adulterada» mediante mensajes basados y centrados en la Biblia para su edificación.

Es por ello un placer recomendar al público cristiano esta excelente obra de James Braga, *Cómo preparar mensajes bíblicos.*

No se trata de un libro normal acerca de la preparación de sermones, que simplemente describe tipos de sermones, incluyendo una muestra de los mejores del autor, sino de un verdadero manual de enseñanza, que guía al estudiante individual o a la clase en el proceso gradual de preparar un sermón.

Esta obra está dividida en dos secciones principales. La primera de ellas presenta una definición y consideración de cada uno de los principales tipos de sermón, temático, textual y expositivo, dándose principios básicos e ilustraciones para guiar al futuro redactor de sermones. La segunda sección del libro trata de la mecánica de la preparación del sermón, considerando la estructura homilética, el título, la introducción, la proposición, las divisiones, la discusión, el uso de ilustraciones, la aplicación y la conclusión. A través de la obra se van subrayando los principios básicos, y se ilustran de manera interesante, de manera que este volumen justifica su título como herramienta destinada a ser de ayuda para el obrero en su preparación de mensajes.

La inclusión de ejercicios al final de cada capítulo, da mayor utilidad al libro como texto de clase o para el estudio personal. La bibliografía al final del libro aumenta el valor de la obra para el estudiante que desee ampliar sus conocimientos en este campo.

Al leer este volumen, uno tiene repetidas veces la impresión de que aquí tenemos una obra que refleja una vida entera dedicada al estudio personal de la Palabra, junto con una profunda reverencia hacia lo sagrado de la tarea, y un hondo deseo de ayudar al pueblo de Dios a comprender y comunicar las preciosas verdades del Libro.

Habiendo conocido al autor desde 1949, como compañero del cuerpo docente y amigo personal en el ministerio de la Palabra en nuestra escuela, he llegado a adquirir un gran respeto hacia él como estudioso entregado que es de la Biblia, y cuya vida y testimonio han sido una bendición para todos nosotros en nuestro campus. Su libro merece una cuidadosa consideración por parte de todos aquellos que tratan de mejorar su capacidad en la preparación de mensajes bíblicos.

TED L. BRADLEY

Escuela Bíblica Multnomah
Portland, Oregón

PREFACIO

El hecho de que se hayan escrito numerosos libros sobre la preparación y presentación de sermones podría hacer parecer superflua la adición de otro más a tan extensa bibliografía sobre el tema. Pero después de diecinueve años de enseñar homilética en una escuela bíblica, estoy convencido de la necesidad que hay de un libro de texto que aplique los principios de la homilética a la preparación de discursos, de tal manera que el estudiante pueda aprender, ya desde el principio, cómo preparar mensajes directamente de la Biblia. Me he sentido también impresionado por la necesidad que existe, en una obra de este tipo, de una cantidad adecuada de ejemplos que ilustren con claridad el proceso gradual en la preparación de los sermones. Espero que con la redacción de esta obra haya podido, en alguna medida, dar satisfacción a estas necesidades, y que el libro pueda resultar útil para los estudiantes de las escuelas bíblicas y para todos aquellos que deseen aprender cómo preparar mensajes bíblicos.

No pretendo originalidad en los métodos que se dan en los capítulos que siguen. Algunos de los puntos expuestos en los primeros tres capítulos fueron recogidos de una clase de homilética dada por el difunto Dr. James M. Gray, cuando era presidente del Instituto Bíblico Moody de Chicago. El material acerca de la mecánica de la preparación de los sermones incluye algunas útiles sugerencias del Dr. Charles W. Koller, anterior presidente del Seminario Teológico Bautista del Norte, en Chicago, bajo quien tuve el privilegio de estudiar predicación expositiva. Muchas otras sugerencias valiosas en cuanto a homilética han procedido de varios autores. También me ha sido de utilidad el conocimiento práctico que he conseguido con la enseñanza de esta asignatura.

Una serie de ejercicios al final de varios capítulos, posibilitará al estudiante la puesta en práctica de las técnicas que ha aprendido. No se le debiera pedir que lleve a cabo todos los ejercicios, sino solamente aquellos que el instructor juzgue necesarios. Si el estudiante tropieza con dificultades para hacer un ejercicio, debiera repasar el capítulo, y después intentar de nuevo hacer la tarea.

En relación con la preparación de sermones, aconsejo la utilización de una Biblia que tenga los versículos dispuestos en párrafos, una Biblia temática, una concordancia exhaustiva, y la obra *Concordancia temática de la Biblia.*

Sin embargo, aunque el estudiante debiera sentirse con libertad de utilizar libros de referencia en la preparación de sus mensajes, debiera llevar a cabo la mayor parte de su estudio sobre las Escrituras. No debiera nunca tomar prestados bosquejos de libros de referencia ni de comentarios, sino que debiera formular sus propios bosquejos de sermones. Esto puede ser un trabajo duro y tedioso al principio; sin embargo, al ir el principiante aplicando diligentemente los principios contenidos en este libro, comprobará que va volviéndose más y más diestro en la preparación de mensajes bíblicos de estructura homilética.

Se tiene que decir, y afirmar con énfasis, que el factor más importante en la preparación de los sermones es la preparación del propio corazón del predicador. Ninguna cantidad de conocimiento ni de capacidades naturales pueden llegar a tomar el lugar de un corazón ferviente, humilde y devoto, que anhela más y más de Cristo. Sólo el hombre que anda con Dios y que vive una vida santa podrá inspirar a otros a crecer en la gracia y en el conocimiento de Cristo. Este hombre pasará mucho tiempo a solas con Jesús, manteniendo una comunión diaria, ininterrumpida y sin prisas con Él en Su Palabra.

El predicador debe, también, ser un hombre de oración que haya aprendido el arte de la guerra santa sobre sus rodillas. Como Daniel, debe tener la costumbre de la oración y de encontrar tiempo, o mejor aún, de hacer tiempo, para orar diaria y regularmente en su estancia. Sus sermones no serán entonces el mero resultado de un esfuerzo intelectual, sino mensajes procedentes del cielo, recibidos en respuesta a la oración. E. M. Bounds, aquel poderoso hombre de oración, dijo acertadamente: «La oración pone el sermón del predicador en el corazón del predicador; la oración pone el corazón del predicador en el sermón del predicador.»

Pero el hombre que debe predicar el mensaje del Libro tiene también que ser un hombre del Libro. Tiene que estudiar las Escrituras, no sólo para dar un mensaje a su congregación, sino para vivir en el Libro. La Palabra de Dios tiene que venir a ser su comida y bebida. Tiene que pasar muchas horas a la semana, a lo largo de toda su vida, en diligente estudio de la Biblia. Tiene que saturarse con ella hasta que se apodere de su corazón y alma, y que con Jeremías pueda decir acerca de la Palabra: «Había en mi corazón como un fuego ardiente metido en mis huesos; traté de sufrirlo, y no pude» (Jer. 20:9).

¡Que Dios nos dé, en estos días de tanta necesidad, hombres de Dios que amen supremamente al Señor Jesucristo, y que prediquen de tal manera Su Palabra que otros sean atraídos y ganados para Él!

JAMES BRAGA

«El profeta que tuviera un sueño, cuente el sueño; y aquel a quien fuere mi palabra, cuente mi palabra verdadera. ¿Qué tiene que ver la paja con el trigo?, dice Jehová. ¿No es mi palabra como fuego, dice Jehová, y como martillo que quebranta la piedra?» (Jeremías 23:28-29).

PREFACIO

a la segunda edición inglesa

Han transcurrido trece años desde que esta obra vio por primera vez la luz. Fue redactada bajo la presión de un ministerio muy activo de enseñanza y predicación, y después de su publicación quedé consciente de que había áreas que precisaban de revisión o de ampliación.

Durante mucho tiempo fue mi deseo llevar a cabo las necesarias revisiones y adiciones a esta obra. Cuando los editores me solicitaron recientemente que hiciera una puesta al día de la bibliografía al final del libro, vi en esta oportunidad de hacer estos cambios una indicación de la buena mano de Dios sobre la tarea.

Los primeros tres capítulos fueron escritos originalmente para dar al principiante unos principios elementales que le capacitaran para preparar un bosquejo básico del sermón, sin tener que pasar por la complejidad de la proposición y de otros intrincados procedimientos homiléticos. He decidido retener este enfoque; por ello, en lugar de hacer muchas revisiones de la Parte I de la obra, he añadido una cantidad de material que espero sirva para hacer más sencilla y alentadora para el estudiante la preparación de los mensajes bíblicos. Al mismo tiempo, espero que el contenido de estos capítulos sirva para dar a los estudiantes más maduros algunos atisbos valiosos sobre la manera en que se pueden preparar bosquejos de sermones en base a varios pasajes de las Escrituras.

También quiero señalar que los métodos de preparación de sermones que se consideran en este libro, no son, en absoluto, las únicas formas válidas de discurso. Hay otras formas en que se puede comunicar la verdad. Según sea el objetivo que pueda tener en mente cuando esté preparando su mensaje, el predicador debe determinar por sí mismo la forma más eficaz de comunicar la verdad bíblica. Sea cual fuere el método que decida adoptar, debiera hacer que su mensaje sea claro y sencillo, de manera que todos puedan comprender qué es lo que Dios tiene que decir a través de él. Así, seguirá el noble ejemplo de aquellos levitas en la época de Esdras y Nehemías, que «leían en el libro de la ley de Dios claramente, y ponían el sentido, de modo que entendiesen la lectura» (Neh. 8:8).

Presento la edición revisada de mi obra con la oración de que el Señor quiera usarlo, en Su buena voluntad, para capacitar a muchos de Sus siervos a aprender cómo preparar mensajes de la Palabra de Dios.

JAMES BRAGA

Portland, Oregón
31 de julio de 1981

Primera parte

TIPOS PRINCIPALES
DE SERMONES BÍBLICOS

«Para que en todo [Cristo] tenga la preeminencia.»
(Colosenses 1:18b)

Capítulo 1

EL SERMÓN TEMÁTICO

CLASIFICACIÓN DE SERMONES

Hay muchos tipos de sermones, y muchas maneras de clasificarlos. Al intentar clasificarlos, los escritores de homilética usan diferentes definiciones, y en el uso de estas definiciones hay una considerable extensión en la clasificación. Hay escritores que clasifican los sermones según su contenido o tema, otros en base a su estructura, y otros con respecto al método psicológico utilizado cuando se presentan los mensajes. Hay otros métodos de clasificación de sermones, pero quizás el método menos complicado sea el de clasificarlos como temáticos, textuales y expositivos. Estudiaremos la preparación de mensajes bíblicos considerando estos tres tipos principales.

DEFINICIÓN DE UN SERMÓN TEMÁTICO

Empezamos nuestra consideración del sermón temático con una definición, porque si esta definición es comprendida totalmente, el estudiante conseguirá dominar los elementos básicos de un discurso temático.

Un sermón temático es aquel cuyas principales divisiones se derivan del tema con independencia del seguimiento de un texto.

Consideremos cuidadosamente esta definición. La primera parte afirma que las principales divisiones tienen que hacerse en base al tema misma. Esto significa que el sermón temático empieza con un tema, y que las partes principales del sermón consisten en ideas que provienen de dicho tema.

La segunda parte de la definición declara que el sermón temático no exige un texto como base de su mensaje. Ello no significa que el mensaje no vaya a ser bíblico, sino que indica solamente que no es un texto de las Escrituras la base del sermón temático.

Sin embargo, para asegurar que el mensaje sea totalmente bíblico en su contenido, debemos empezar con un tema o asunto bíblico. Las principales divisiones del bosquejo del sermón deben sacarse de este tema bíblico, y cada división principal debe estar apoyada por una referencia bíblica. Los versículos que apoyan las principales divisiones debieran, por lo general, sacarse de pasajes de la Biblia que estén bastante separados entre sí.

EJEMPLO DE UN SERMÓN TEMÁTICO

Para comprender aún más la definición, pongamos manos a la obra con un sencillo bosquejo temático.

Para nuestro tema, seleccionaremos las razones de las oraciones sin respuesta. Señalemos ahora que no estamos usando un texto, sino un tema bíblico. De este tema tenemos que descubrir qué es lo que la Biblia da como razones de la oración no contestada.

Al meditar y recordar varias partes de las Escrituras que se refieren a nuestro tema, podremos hallar textos como los que siguen, todos los cuales indican por qué, frecuentemente, las oraciones quedan sin respuesta: Santiago 4:3; Salmo 66:18; Santiago 1:6-7; Mateo 6:7; Proverbios 28:9 y 1.ª Pedro

3:7. Es aquí donde una buena Biblia con referencias, una concordancia exhaustiva [1] o una Biblia temática, como la *Nave's Topical Bible*,[2] pueden ser de incalculable utilidad.

Con la ayuda de estas referencias hallamos las siguientes causas detrás de la oración sin respuesta:

I. Pedir mal (Stg. 4:3)
II. Pecado en el corazón (Sal. 66:18)
III. Dudar de la Palabra de Dios (Stg. 1:6-7)
IV. Repeticiones vanas (Mt. 6:7)
V. Desobediencia a la Palabra (Pr. 28:9)
VI. Comportamiento desconsiderado en la relación conyugal (1.ª P. 3:7)

Aquí tenemos un bosquejo temático bíblico, con cada división principal derivada del tema —razones para la oración sin respuesta— y cada división apoyada por un versículo de las Escrituras.

UNIDAD DE PENSAMIENTO

Se verá del ejemplo acabado de dar que el sermón temático contiene una idea central. En otras palabras, este bosquejo trata acerca de un solo tema: las razones de la oración sin respuesta. Podemos pensar en otros importantes hechos acerca de la oración, como el significado de la oración, la importancia de la oración, el poder de la oración, los métodos de la oración y los resultados de la oración. Sin embargo, a fin de conformarse a la definición de un sermón temático, tenemos que sacar las partes principales del bosquejo del tema mismo; esto es, tenemos que limitar todo el bosquejo a la idea contenida en el tema. Temas como el significado de la oración

1. Por ejemplo, *Concordancia de las Sagradas Escrituras*, compilada por C. P. Denyer (Miami: Editorial Caribe).

2. Como esta obra no existe en castellano, sugerimos la obra *Concordancia temática de la Biblia*, compilada por Carlos Bransby (El Paso: Casa Bautista de Publicaciones).

o su importancia deben ser omitidos en este mensaje concreto, por cuanto nuestro tema nos limita a tratar solamente acerca de los factores que impiden la respuesta a nuestras oraciones.

CLASES DE TEMAS

Las Escrituras tratan acerca de todas las fases de la vida y actividad humanas que se puedan imaginar. Revelan, también, los propósitos de Dios en gracia hacia los hombres, tanto en el tiempo como en la eternidad. Así, la Biblia contiene un fondo inagotable de temas de los que el predicador puede conseguir material para mensajes temáticos apropiados para cada ocasión y condición en que se hallen los hombres. Por medio de la constante y diligente búsqueda en la Palabra, el hombre de Dios enriquecerá su propia alma con preciosas gemas de verdades divinas y podrá también compartir su riqueza espiritual con otros, de forma que también ellos vengan a ser ricos en las cosas que realmente valen, tanto para el tiempo como para la eternidad.

Del inmenso tesoro que es la Sagrada Escritura podemos sacar temas como éstos: influencias benéficas, cosas pequeñas que Dios usa, fracasos de los santos de Dios, bendiciones a través del sufrimiento, resultados de la incredulidad, absolutos divinos que conforman el carácter, los imperativos de Cristo, los deleites del cristiano, las mentiras del diablo, conquistas de la cruz, marcas de nacimiento del cristiano, problemas que nos dejan perplejos, las glorias del cielo, anclas del alma, remedios para dolencias espirituales, las riquezas del cristiano, conceptos bíblicos de educación infantil y dimensiones del servicio cristiano.

En páginas posteriores de este capítulo se mostrarán al estudiante los principios básicos para la construcción de las principales divisiones de los bosquejos temáticos. Al considerar estos bosquejos, el lector se dará cuenta de que no sólo cada bosquejo tiene un tema o asunto, sino también un título que difiere del tema. En el capítulo 5 se da una explicación a fondo de la materia, tema, asunto y título. Para nuestro propósito presente, sin embargo, señalemos que materia, tema y asunto son sinónimos. El título, por otra parte, es el nombre dado al sermón, otorgado de una manera interesante o atractiva.

ELECCIÓN DE TEMAS

Al entregarse al estudio temático de la Biblia, el estudiante descubrirá una tan gran variedad de temas, que puede preguntarse cómo elegir uno apropiado para su mensaje.

Si vamos a saber qué tema seleccionar, tenemos que buscar la conducción del Señor. Esta conducción la recibiremos pasando tiempo en oración y en meditación de la Palabra de Dios.

Otros factores pueden también entrar en la elección de una materia. La elección puede quedar determinada por el tema acerca del que se le pide al ministro que hable, o por la ocasión específica en que tiene que darse el mensaje. Además, ciertas condiciones en una congregación determinada, pueden indicar que sea necesario, o aconsejable, seleccionar un tema apropiado a las circunstancias.

Aunque un sermón temático no se base directamente en un texto, puede darse un versículo de las Escrituras como idea, en base de la cual, se puede erigir un bosquejo temático. Por ejemplo, en Gálatas 6:17 leemos: «De aquí en adelante nadie me cause molestias; porque yo traigo en mi cuerpo las marcas del Señor Jesús.» Estas palabras nos atraen: «Yo traigo en mi cuerpo las marcas del Señor Jesús.» Al comparar con el margen de la revisión 1977 de Reina-Valera, vemos que la columna central de la traducción alternativa «cicatrices». Es indudable que Pablo se refiere aquí a las cicatrices dejadas por las heridas producidas en su cuerpo por sus perseguidores por causa de Cristo, cicatrices que eran marcas elocuentes de que pertenecía a Cristo para siempre.

Las fuentes extrabíblicas revelan que cuando Pablo escribió estas palabras, no sólo se usaban los hierros candentes con animales, sino también para marcar a humanos, dejando señales sobre la carne que no podían ya borrarse ni ser eliminadas. Había, por lo menos, tres clases de personas que llevaban marcas de este tipo: esclavos que pertenecían a sus dueños, soldados que en ocasiones se marcaban con el nombre del general bajo el que servían, como prenda de su total lealtad a su causa, y devotos que quedaban dedicados de por vida a un templo y a la deidad que era adorada allí.

Como resultado de esta información, hacemos el bosquejo temático que se muestra a continuación:

Título: «*Las marcas de Jesús*»
Tema: Las marcas en la vida de un cristiano consagrado

>   I. Como el esclavo, un cristiano consagrado lleva la marca de propiedad del Señor al que pertenece (1.ª Co. 6:19-20; Ro. 1:1)
> II. Como el soldado, un cristiano consagrado lleva la marca de lealtad al Capitán al que sirve
> III. Como el devoto, un cristiano consagrado lleva la marca de adorador del Señor a quien rinde culto (Fil. 1:20; 2.ª Co. 4:5)

PRINCIPIOS BÁSICOS PARA LA PREPARACIÓN DE BOSQUEJOS TEMÁTICOS

1. Las principales divisiones debieran estar en orden lógico o cronológico.

Esto significa que debiéramos proponernos desarrollar el bosquejo con una cierta progresión, ya lógica, ya cronológica, pero que esta elección entre orden lógico o cronológico debe ir determinada por la naturaleza del tema. Como nuestro tema elegimos verdades vitales con respecto a Jesucristo, y llegamos así al siguiente bosquejo:

Título: *«Digno de adoración»*
Tema: Verdades vitales acerca de Jesucristo

    I.   Él es Dios manifestando en carne (Mt. 1:23)
   II.   Él es el Salvador de los hombres (1.ª Ti. 1:15)
  III.   Él es el Rey que ha de venir (Ap. 11:15)

Observemos que este bosquejo está en orden cronológico. Jesucristo, el Hijo de Dios, primeramente se encarnó, después fue a la cruz, dando allí Su vida para venir a ser nuestro Salvador, y un día volverá como Rey de reyes y Señor de señores. Observemos también que, en consecuencia a la definición de un sermón temático, las divisiones no se derivan del título, sino del tema o asunto. Lo mismo sucede con todos los bosquejos temáticos que se dan a continuación en este capítulo.

Otro ejemplo de progresión en un bosquejo es el que se da a continuación, con las divisiones dispuestas en orden lógico. El tema trata de características de la esperanza del creyente, pero emplearemos las cuatro palabras, «La esperanza del creyente», como el sencillo título del bosquejo:

Título: *«La esperanza del creyente»*
Tema: Características de la esperanza del creyente

     I.   Es una esperanza viva (1.ª P. 1:3)
    II.   Es una esperanza salvadora (1.ª Tes. 5:8)
   III.   Es una esperanza cierta (He. 6:19)
   IV.   Es una buena esperanza (2.ª Ts. 2:16)
    V.   Es una esperanza que no se ve (Ro. 8:24)
   VI.   Es una esperanza bienaventurada (Tito 2:13)
  VII.   Es una esperanza de vida eterna (Tito 3:7)

Obsérvese que el bosquejo llega a su punto culminante en la última división.

2. Las principales divisiones pueden ser un análisis del tema.

Para analizar un tema, tenemos que dividirlo en sus partes componentes, y cada parte del bosquejo contribuirá así a la globalidad de la consideración del tema. Tomemos los principales datos acerca de Satanás en la Biblia como nuestro tema, y usando «Satanás, nuestro supremo enemigo» como título, podemos analizar el tema de la siguiente manera:

Título: *«Satanás, nuestro supremo enemigo»*
Tema: Principales datos acerca de Satanás en la Biblia

    I. Su origen (Ez. 28:12-17)
   II. Su caída (Is. 14:12-15)
  III. Su poder (Ef. 6:11-12; Lc. 11:14-18)
  IV. Su actividad (2.ª Co. 4:4; Lc. 8:12; 1.ª Ts. 2:18)
   V. Su destino (Mt. 25:41)

Obsérvese que si se omitiera, por ejemplo, la segunda división principal de este bosquejo, no tendríamos un análisis satisfactorio del tema, por cuanto una de las características básicas del tema estaría ausente. Sin embargo, es posible que un estudio adicional de la Biblia acerca del tema de Satanás pueda resultar en otro u otros dos importantes puntos añadidos al bosquejo. Obsérvese también que, siguiendo la norma dada, las divisiones están dispuestas en orden lógico.

3. Las principales divisiones pueden presentar las varias pruebas de un tema.

El bosquejo que se muestra a continuación está hecho así:

Título: *«Hacia el conocimiento de la Palabra de Dios»*
Tema: Algunos de los beneficios de conocer la Palabra de Dios

I. El conocimiento de la Palabra de Dios nos hace sabios para salvación (2.ª Ti. 3:15)

II. El conocimiento de la Palabra de Dios nos guarda del pecado (Sal. 119:11)

III. El conocimiento de la Palabra de Dios produce crecimiento espiritual (1.ª P. 2:2)

IV. El conocimiento de la Palabra de Dios resulta en una vida victoriosa (Jos. 1:7-8)

Se verá que cada una de las principales divisiones de este bosquejo confirma la tesis del tema; es decir, cada afirmación en las divisiones principales exhibe uno de los beneficios de conocer la Palabra de Dios.

4. Las divisiones principales pueden tratar un tema por analogía o por contraste con algo que se halle en las Escrituras.

En un bosquejo temático de este tipo se compara o contrasta un tema con algo relacionado con él en la Biblia. Por ejemplo, leemos en Mateo 5:13 que el Señor Jesús dijo: «Vosotros sois la sal de la tierra; pero si la sal se desvaneciere, ¿con qué será salada? No sirve más para nada, sino para ser echada fuera y hollada por los hombres.» Un examen del contexto en que se halla este versículo indica claramente que Cristo se refiere al testimonio del creyente y que asemeja su testimonio a la sal. Podemos por ello preparar un bosquejo con el título: «Un testimonio eficaz», haciendo que cada división consista en una comparación entre el testimonio del creyente y la sal:

Título: *«Un testimonio eficaz»*

Tema: Una comparación entre el testimonio del creyente y la sal

I.   Como la sal, el testimonio del creyente debería sazonar (Col. 4:6)

II. Como la sal, el testimonio del creyente debería purificar (1.ª Ts. 4:4)

III. Como la sal, el testimonio del creyente no debería perder su sabor (Mt. 5:13)

IV. Como la sal, el testimonio del creyente debería crear sed en otros (1.ª P. 2:12)

5. Las principales divisiones pueden ser expresadas mediante una cierta palabra o frase constante de las Escrituras repetida a través del bosquejo.

La frase «Dios es poderoso» o «Aquel que es poderoso», o «(Él) que es poderoso» (donde Él está implicado en la forma verbal de tercera persona, refiriéndose al Señor) aparece una cierta cantidad de veces en las Escrituras. Usando esta base para cada división principal, obtenemos el siguiente bosquejo:

Título: *«El poderío de Dios»*
Tema: Algunas de las cosas que Dios puede hacer

I. Puede salvar (He. 7:25)

II. Es poderoso para guardar (Jd. 24)

III. Es poderoso para socorrer (He. 2:18)

IV. Puede sujetar (Fil. 3:21)

V. Es poderoso para dar gracia (2.ª Co. 9:8)

VI. Es poderoso para hacer mucho más allá de lo que pensamos o pedimos (Ef. 3:20)

6. Las principales divisiones pueden ser apoyadas por una palabra o frase idéntica de las Escrituras por todo el bosquejo.

Esto significa que se emplea la misma palabra o frase de las Escrituras, no en el bosquejo, como en el caso de la norma anterior, sino en la justificación de la afirmación de cada división. Como ejemplo, se da un bosquejo desarrollado en base a un estudio de la expresión «en amor», que aparece seis veces en la Epístola a los Efesios. Al usar el tema: «Hechos con respecto a la vida de amor», y al señalar cada referencia bíblica en el bosquejo, se verá que esta expresión apoya cada una de las divisiones principales:

Título: «*La vida de amor*»
Tema: Hechos con respecto a la vida de amor

    I. Se basa en el propósito eterno de Dios (1:4-5)
   II. Es producida por Cristo morando en el creyente (3:17)
  III. Debería manifestarse en nuestras relaciones cristianas (4:1-2; 4:15)
  IV. Resultará en edificación y crecimiento de la iglesia (4:16)
   V. Queda ejemplificada por el mismo Jesucristo (5:1-2)

El estudiante diligente encontrará que la repetición de palabras y frases significativas es un fenómeno frecuente en la Biblia. Algunas veces puede hallarse la aparición repetida de expresiones significativas dentro de un libro determinado, como sucede en el caso anterior. Estas repeticiones no son accidentales, sino que, indudablemente, están registradas en la Palabra de Dios para que tomemos especial nota de ellas. El libro de los Salmos, así como las epístolas de Pablo y la Epístola a los Hebreos, son especialmente ricos en reiteraciones de palabras y frases significativas. Un cuidadoso estudio del contexto en el que aparecen estas palabras o frases resultará en muchos y útiles mensajes.

7. **Las divisiones principales pueden consistir en un estudio de palabras, mostrando los varios significados de una cierta palabra o palabras en las Escrituras.**

El estudio de palabras puede ser un examen de las lenguas originales de una palabra usada en la Biblia castellana.

Mediante esto, el predicador puede mostrar los varios matices de significado de los que pueda no estar consciente el lector de la Biblia castellana. Por ejemplo, el verbo traducido «andar» en la versión castellana Reina-Valera 1960 del Nuevo Testamento puede provenir de trece verbos griegos, y estos trece verbos sugieren otras tantas maneras en que puede entenderse el verbo «andar».

Tal estudio de palabras puede ser un examen del original, a fin de descubrir los matices de aquella palabra en griego o hebreo. Por ejemplo, el nombre «honor» ($\tau\iota\mu\dot{\eta}$, en griego) se usa en cuatro sentidos diferentes en el Nuevo Testamento griego, y de un estudio de su utilización en el texto original podemos llegar al siguiente bosquejo:

Título: «Valoraciones: de Dios o del hombre»
Tema: Significados de la palabra «honor» en el Nuevo Testamento griego

I.   Un precio que se paga (1.ª Co. 6:20)
II.   El valor que algunos hombres dan a las ordenanzas humanas (Col. 2:23)
III.   Estima o respeto dado a otro (1.ª Ti. 1:17; He. 2:9)
IV.   El gran valor de Cristo para el creyente (1.ª P. 2:7)

No es necesario poseer conocimiento del hebreo o del griego a fin de llevar a cabo un estudio de palabras. La concordancia de las Sagradas Escrituras, de Carlos P. Denyer (Caribe), así como el Léxico — concordancia del Nuevo Testamento en griego y español, de Jorge G. Parker (Mundo Hispano), la Concordancia analítica greco-española del Nuevo Testamento greco-español, de J. Stegenga y A. E. Tuggy (Libertador), y el Diccionario expositivo de palabras del Nuevo Testamento, de W. E. Vine (CLIE), adaptado a la versión Reina-Valera 1960, con numerosas referencias a la revisión de 1909, 1977 y Versión Moderna, por Santiago Escuain, así como otras ayudas gramaticales hoy día disponibles, capacitarán al estudiante que no conozca los lenguajes originales de las Escrituras a hacer una valiosa investigación en semántica.

De una manera similar, un estudio de palabras puede seguir una palabra o frase significativa a través de las Escrituras, estudiándola en sus relaciones contextuales e inductivamente. En otras palabras, revisamos cada referencia específica a una palabra o frase particular y después comparamos, analizamos y clasificamos nuestras observaciones, con el propósito de llegar a una conclusión válida con respecto a aquella palabra o frase.

Por ejemplo, consideremos la frase «he pecado». Mediante el uso de una concordancia como la de Denyer, descubrimos un total de 16 veces en que esta expresión aparece en el Antiguo y Nuevo Testamentos. Al examinar las relaciones contextuales de cada una de estas referencias, así como al compararlas y analizarlas, descubrimos que la frase «he pecado» no constituye necesariamente una expresión de verdadera confesión. Después clasificamos nuestras observaciones y las ponemos en forma de bosquejo. Bajo el título «Confesiones: verdaderas o falsas», mostramos que la expresión «he pecado», cuando es utilizada por los varios caracteres bíblicos, puede significar una variedad de cosas:

I. Una expresión de temor
   Nótese el caso de Faraón (Éx. 9:27, 10:16); de Acán (Jos. 7:20); de Simei (2.º S. 19:20)

II. Una expresión insincera
   Nótese el caso de Saúl (1.º S. 15:24, 30)

III. Una expresión de remordimiento
   Nótese el caso de Saúl (1.º S. 26:21); de Judas (Mt. 27:4)

IV. Una expresión de verdadero arrepentimiento
   Nótese el caso de David (Sal. 51:4) (cp. 2.º S. 12:13); de Nehemías (Neh. 1:6); del hijo pródigo (Lc. 15:18, 21)

8. Las principales divisiones no debieran ser apoyadas por textos de prueba retorcidos fuera de su contexto.

Existe siempre el peligro, en los estudios temáticos, de que un texto sea sacado fuera de su contexto; por ello, el predicador debe tener cuidado, de manera constante, de que cada referencia bíblica citada para apoyar una afirmación en su bosquejo, sea utilizada con precisión y en armonía con el evidente propósito de su autor.

SERMONES DOCTRINALES

El estudio temático es admirablemente apropiado para la preparación del sermón doctrinal. La doctrina seleccionada constituye el tema. Podemos limitar el tema a un solo aspecto de la doctrina. Por ejemplo, podemos escoger como tema el significado de la redención, y seleccionar unos pocos pasajes clave para formar la base del bosquejo. Pero si hemos de aprender toda la verdad con respecto a una doctrina determinada, es necesario cubrir todo el campo de las Escrituras, señalando todas las referencias pertinentes a aquella doctrina. Una vez estudiadas cada una de estas referencias en sus propias relaciones con su contexto, compulsamos, analizamos y clasificamos nuestros hallazgos, y con ello deberíamos ser capaces de obtener una base bíblica firme para nuestras conclusiones.

SERIE DE MENSAJES TEMÁTICOS

«Retratos del hombre perfecto» sería el encabezamiento de la siguiente serie de sermones:

«El amor de Jesús»
«El rostro de Jesús»
«Las manos de Jesús»
«Las lágrimas de Jesús»
«La cruz de Jesús»
«La sangre de Jesús»
«El nombre de Jesús»

De los ejemplos de los bosquejos temáticos ya dados en este capítulo, debiera ya estar clarificado que las principales divisiones para cada mensaje de estos tipos de series no se derivarán de los títulos, sino de temas específicos que están relacionados con estos encabezamientos. Por ejemplo, para preparar un discurso temático con el título: «El amor de Jesús», podemos usar cualquiera de los siguientes temas: características de Su amor, manifestaciones de Su amor, o los objetos de Su amor.

En caso de que un pastor viera la necesidad de que su congregación tuviera conocimiento de ciertas formas de error, podría elegir el encabezamiento general de: «Engaños espirituales comunes», y usar los siguientes como título de una serie:

«El engaño de los Testigos de Jehová»
«El engaño del Mormonismo»
«El engaño de la Ciencia Cristiana»
«El engaño del Adventismo del Séptimo Día»
«El engaño de la "Unidad"»
«El engaño del Espiritismo»

«Viviendo en un plano más sublime» podría ser la base de una serie de sermones con títulos como los propuestos a continuación:

«La vida disciplinada»
«La vida consagrada»
«La vida con contentamiento»
«La vida llena de oración»
«La vida abundante»

Otra excelente serie podría ser la llamada: «Vida cristiana victoriosa», usando títulos como los siguientes:

«Cómo ser un cristiano en crecimiento»
«Cómo ser un cristiano espiritual»
«Cómo ser un cristiano útil»

«Cómo ser un cristiano reposado»
«Cómo ser un cristiano feliz»
«Cómo ser un cristiano victorioso»

Un plan que podría tener un especial significado en estos tiempos podría llevar el encabezamiento de: «El hogar cristiano», e incluir títulos como los que siguen:

«La base de un hogar cristiano»
«La relación de la esposa con su marido y con Cristo»
«La responsabilidad del marido hacia su mujer y hacia Cristo»
«Los privilegios de la paternidad»
«Disciplina en el hogar»
«Devociones familiares»
«Amenazas contra el hogar cristiano»
«Vida familiar feliz»

«Examinando la Biblia» puede ser el encabezamiento general de otro grupo de mensajes interrelacionados, con título como los siguientes:

«¿Es cierta la Biblia?»
«¿Hay contradicciones en la Biblia?»
«¿Tiene relevancia la Biblia hoy?»
«¿Cómo podemos entender la Biblia?»
«¿Podemos confiar en nuestras versiones castellanas
de la Biblia?»

Un estudio de los temas principales en un libro o grupo de libros de la Biblia dará también sugerencias para una serie de discursos. Consideremos como un ejemplo la Primera y Segunda Epístolas a los Tesalonicenses. Estas epístolas contienen varios temas doctrinales, y de ellos podemos aprender qué es lo que Pablo enseñaba a los primitivos cristianos acerca de Dios, de Jesucristo, del Espíritu Santo, del Evangelio, del camino de la salvación, de la Segunda Venida de Cristo, de los creyentes y de Satanás. Cada uno de estos ocho asuntos podrían ser seguidos a través de una o de las dos epístolas. Como ilustración, seleccionaremos la Segunda Venida de

Cristo, y al estudiar la Primera Epístola observaremos que la Segunda Venida de Cristo es mencionada en cada capítulo de la epístola. Así, se deriva el siguiente bosquejo:

Título: «*La bienaventurada esperanza del creyente*»
Tema: Efectos de la esperanza de la Segunda Venida de Cristo en el creyente

    I. Produce paciencia (1:10)
   II. Asegura la recompensa por la obra efectuada (2:19)
  III. Satisface los anhelos de santidad (3:13)
  IV. Consuela en el dolor (4:13)
   V. Enriquece la oración (5:23)

Podemos observar otro tema hallado en Primera y Segunda Tesalonicenses. La palabra «hermanos» aparece no menos de veinticuatro veces en las dos epístolas, diecisiete veces en la primera y siete veces en la segunda. Un examen de la utilización de esta palabra en su contexto podría constituir otro interesante grupo de mensajes interrelacionados.

Antes de dejar la materia de las series de temas, se debería señalar que hay dos reglas importantes a observar en la presentación de cualquier serie de mensajes. En primer lugar, la serie debería ser breve. Aunque la serie pueda recibir un buen tratamiento con una variedad considerable, la congregación es susceptible a perder el interés si se presenta un tema principal a lo largo de un período prolongado de tiempo. En segundo lugar, la serie debería evidenciar orden o progreso. Por lo general, una disposición aleatoria de sermones relacionados no es tan eficaz como una disposición en la que los mensajes están cuidadosamente planificados en un orden apropiado. Ello también sirve para aumentar el interés al ir llegando la serie a su punto culminante.

CONCLUSIÓN

El desarrollo pleno del bosquejo temático tiene que esperar a una instrucción más plena, pero si el estudiante ha seguido lo que se presenta en este capítulo puede, mediante una cuidadosa aplicación de los principios aquí contenidos, aprender a preparar el bosquejo básico de un mensaje bíblico temático.

EJERCICIOS

1.   Preparar un bosquejo temático usando uno de los temas relacionados bajo la sección *Clases de temas*. Cerciorarse de que las divisiones se deriven del tema y de que tengan un sólido apoyo bíblico.

2.   Preparar un bosquejo temático, usando un tema de propia elección, y apoyar cada división principal mediante un pasaje apropiado de las Escrituras. Seguir cuidadosamente los principios anteriormente sugeridos.

3.   Relacionar siete temas apropiados para un servicio del Día de la Madre, y hacer un bosquejo temático para uno de ellos.

4.   Hallar una palabra o frase significativa que aparezca repetidas veces en un libro del Nuevo Testamento, y desarrollar un bosquejo temático en base a las repeticiones de aquella palabra o frase.

5.   Tómese un asunto amplio, y relaciónense seis títulos adecuados para una serie de mensajes acerca de dicho asunto. Disponer la lista entera en un orden que pueda resultar en la presentación más eficaz. Desarrollar a continuación un bosquejo acerca de un tema relacionado con uno de estos seis títulos.

6.   Siguiendo la regla 4 de *Principios básicos para la preparación de bosquejos temáticos*, desarrollar un bosquejo tópico acerca del «Tesoro de Dios» en el que la división consista en una comparación entre los hijos de Dios y un tesoro.

7.   Examínese la Epístola a los Filipenses y prepárese una lista de cinco características doctrinales. Formúlese un bosquejo

temático de la misma Epístola sobre uno cualquiera de estos cinco temas.

8. Con la ayuda de una concordancia completa, preparar un estudio de palabras acerca de la palabra «perdonar».

Capítulo **2**

EL SERMÓN TEXTUAL

DEFINICIÓN

Al examinar el sermón textual pasamos a tratar un tipo de discurso diferente del sermón temático. En un sermón temático empezamos con un tema, pero en un sermón textual empezamos con un texto. Obsérvese cuidadosamente la definición de un sermón textual:

Un sermón textual es aquel en el cual las principales divisiones se derivan de un texto consistente en un breve pasaje de las Escrituras. Cada una de estas divisiones es utilizada a continuación como una línea de sugerencia, y el texto provee el tema del sermón.

Al examinar esta definición, se hace evidente que, en el sermón textual, las líneas maestras de desarrollo se sacan del mismo texto. De esta manera, el bosquejo principal queda estrictamente delimitado por el texto.

El texto puede consistir en una sola línea de un versículo de las Escrituras, o puede tratarse de un solo versículo o incluso de dos o tres versículos. Los escritores de homilética no definen de una manera específica la extensión del pasaje que pueda ser utilizado para un sermón textual, pero para nuestros propósitos limitaremos el texto de un bosquejo textual a un máximo de tres versículos.

La segunda parte de la definición afirma que cada división principal derivada del texto «es utilizada a continuación como una línea de sugerencia». Esto significa que las principales divisiones sugieren los temas a ser considerados en el mensaje. En algunas ocasiones, un texto es tan rico y lleno que podemos obtener muchas verdades o puntos que servirán como desarrollo de los pensamientos contenidos en el bosquejo. Sin embargo, habrá también ocasiones en que sea necesario ir a otros pasajes de las Escrituras para desarrollar las principales divisiones. En otras palabras, las principales divisiones de un bosquejo textual tienen que provenir del texto mismo, pero el desarrollo posterior puede venir, bien del mismo texto, bien de otros pasajes de las Escrituras.

La definición afirma, además, que «el texto provee el tema del sermón». En contraste con el sermón temático, en el que empezamos con un tema o asunto, empezamos ahora con un texto, el cual indicará la idea dominante del mensaje.

EJEMPLOS DE BOSQUEJOS DE SERMÓN TEXTUAL

Para nuestro primer ejemplo, tomemos como texto Esdras 7:10, que dice: «Porque Esdras había preparado su corazón para inquirir la ley de Jehová y para cumplirla, y para enseñar en Israel sus estatutos y decretos.» A menudo será útil consultar una revisión moderna para obtener un significado más claro de los pasajes elegidos.

Al examinar cuidadosamente el texto podemos observar que todo el versículo se centra en el propósito de Esdras en su corazón, y así podemos llegar a las siguientes divisiones sobre la base del mismo versículo:

I.   Estaba decidido a conocer la Palabra de Dios: «Esdras había preparado su corazón para inquirir la Ley de Jehová.»

II. Estaba dispuesto a la obediencia a la Palabra de Dios: «y para cumplirla».
III. Estaba dispuesto a enseñar la Palabra de Dios: «y para enseñar en Israel sus estatutos y decretos».

Así, un tema apropiado, sacado de las ideas sugeridas en el texto, pudiera ser la disposición de Esdras en su corazón.

Cada una de las principales divisiones, según la definición, es ahora utilizada como «una línea de sugerencia». Éstas indican lo que vamos a decir acerca del texto.

En base a la primera división principal, tenemos que hablar acerca del propósito de Esdras en su corazón de conocer la Palabra de Dios. Sin embargo, Esdras 7:10 no es lo bastante detallado como para que podamos conseguir suficiente información para desarrollar la primera división principal de nuestro texto, por lo que tenemos que ir a otros pasajes de las Escrituras para efectuar el desarrollo.

Al examinar el contexto de Esdras 7:10, hallamos que el versículo 6 del mismo capítulo dice: «Era [Esdras] escriba diligente en la ley de Moisés, que Jehová Dios de Israel había dado.» Los versículos 11, 12 y 21 se refieren también a Esdras como un «escriba de la Ley de Dios». Los versículos 14 y 25 indican, además, que el conocimiento de Esdras de la ley de Dios había sido, incluso, reconocido por Artajerjes, el rey de Persia. Aquí tenemos entonces a un hombre que, aunque conocía bien la ley de Dios, no estaba satisfecho con todo el conocimiento que poseía, sino que se entregaba a un diligente estudio para conocerla aún mejor. Y esto lo hacía a pesar de las atracciones y de la depravación de una corte pagana en la que, evidentemente, era muy estimado.

Al ir leyendo Esdras la Palabra de Dios, es indudable que ciertos pasajes de los libros históricos y de los Salmos le impresionaron. Posiblemente habría leído, en Josué 1:8: «Nunca se apartará de tu boca este libro de la ley, sino que de día y de noche meditarás en él, para que guardes y hagas conforme a todo lo que en él está escrito; para que seas prosperado en todas las cosas que emprendieres.» En Proverbios 8:34-35 también habría leído: «Bienaventurado el hombre que me escucha, velando a mis puertas cada día, aguardando a los postes de mis puertas. Porque el que me halle, hallará la vida, y alcanzará el favor de Jehová.» En Jeremías 29:13, luego, habría oído al Señor retando a su corazón: «Me buscaréis y me hallaréis, porque me buscaréis de todo vuestro corazón.» Con toda certidumbre, pasajes como éstos deben haber hablado al corazón del «escriba erudito» de Babilonia, y deben haberle inspirado, con todo su conocimiento de la ley de Dios, para buscarlo con todo su corazón, y tratar de conocerlo mucho más cerca.

Podemos recapitular lo que hemos dicho en relación con la primera división principal en dos breves subdivisiones. Señalemos otra vez la primera división principal del bosquejo: «Estaba decidido a conocer la Palabra de Dios», y veamos cómo esto conduce nuestros pensamientos a las subdivisiones, u ofrece sugerencias en cuanto a qué se debiera decir en relación con el texto:

    A.   En medio de una corte pagana
    B.   De una manera total

La segunda división principal del bosquejo acerca de Esdras 7:10 dice: «Estaba dispuesto a la obediencia a la Palabra de Dios.» De acuerdo con la definición del bosquejo textual, esta segunda división principal viene a ser ahora una línea de sugerencia, indicando qué es lo que debiera ser considerado bajo este encabezamiento. Así, tenemos que considerar de alguna manera la obediencia de Esdras a la Palabra de Dios, y por ello presentamos las siguientes subdivisiones:

    A.   A dar una obediencia diligente
    B.   A dar una obediencia total
    C.   A dar una obediencia continua

Esdras 7:10 no describe el tipo de obediencia que Esdras se había propuesto rendir a la Palabra de Dios, pero estas ideas pueden recogerse de otras secciones del libro de Esdras, especialmente de los capítulos 9 y 10.

Bajo la tercera división principal, que dice: «Estaba dispuesto a enseñar la Palabra de Dios», se pueden desarrollar las siguientes subdivisiones:

    A. Con claridad
    B. Al pueblo de Dios

El texto mismo no nos dice que Esdras tuviera el plan de enseñar la Palabra de Dios con la intención de clarificar su significado, pero esto es evidente con la lectura de Nehemías 8:5-12.

Con la redacción del bosquejo de Esdras 7:10 en su totalidad, debería quedar bien claro al estudiante cómo cada división principal sacada del texto sirve como línea de sugerencia. Las subdivisiones son, sencillamente, un desarrollo de las ideas contenidas en sus respectivas divisiones principales, pero el material de estas subdivisiones se obtiene de otros pasajes de las Escrituras.

Título: *«Poniendo lo primero en primer lugar»*
Tema: El propósito de Esdras en su corazón

    I. Estaba decidido a conocer la Palabra de Dios
       A. En medio de una corte pagana
       B. De una manera total
    II. Estaba dispuesto a la obediencia a la Palabra de Dios
       A. A dar una obediencia diligente
       B. A dar una obediencia total
       C. A dar una obediencia continua
   III. Estaba dispuesto a enseñar la Palabra de Dios
       A. Con claridad
       B. Al pueblo de Dios

Obsérvese que el título y el tema en este bosquejo son diferentes. Para una explicación plena de los títulos de los sermones, ver el capítulo 5. Sin embargo, aquí se debería mencionar que cuando el tema del bosquejo del sermón es suficientemente interesante, también puede servir como título.

Para un segundo ejemplo de un bosquejo de sermón textual, usaremos Isaías 55:7. Este versículo dice: «Deje el impío su camino, y el hombre inicuo sus pensamientos, y vuélvase a Jehová, el cual tendrá de él misericordia, y al Dios nuestro, el cual será amplio en perdonar.» Al hacer un cuidadoso examen del versículo, descubrimos que el texto es tan detallado que se pueden obtener todas las subdivisiones, así como las divisiones principales, basadas en el mismo pasaje. Véase el bosquejo:

Título: *«La bendición del perdón»*
Tema: El perdón divino

    I. Los objetos del perdón de Dios: «El impío... sus pensamientos»
       A. Los impíos (literalmente, los que son externamente viles)
       B. El hombre inicuo (literalmente, los pecadores «respetables»)
    II. Las condiciones del perdón de Dios: «Deje... vuélvase a Jehová»
       A. El pecador debe abandonar el mal
       B. El pecador debe volverse a Dios
   III. La promesa del perdón de Dios: «el cual tendrá de Él misericordia... el cual será amplio en perdonar»
       A. Misericordia
       B. Perdón

Los ejemplos de bosquejos textuales dados aquí debieran ser suficientes para mostrar que las principales divisiones en un bosquejo textual deben derivarse del versículo o versículos que forma(n) la base del mensaje, en tanto que las subdivisiones pueden sacarse del mismo texto o de cualquier otro pasaje de las Escrituras, siempre que las ideas contenidas en las subdivisiones sean un desarrollo adecuado de sus divisiones principales respectivas.

Cuando todas las subdivisiones, así como las divisiones principales, se sacan del mismo texto, y son adecuadamente expuestas, decimos entonces que este texto es tratado expositivamente.

Dejaremos ahora la consideración de las subdivisiones, pasando a considerar los principales aspectos del sermón textual. El método del desarrollo de las divisiones principales y de las subdivisiones se presenta exhaustivamente en el capítulo 8, y el estudiante encontrará allí ejemplos adicionales de bosquejos textuales.

PRINCIPIOS BÁSICOS PARA LA PREPARACIÓN DE BOSQUEJOS TEXTUALES

1. **El bosquejo textual debiera quedar centrado alrededor de un pensamiento principal del texto, y las divisiones principales deben derivarse del texto, de manera que amplíen o desarrollen el tema.**

Una de las primeras tareas del predicador en la preparación de un sermón textual es la de hacer un estudio completo del texto, descubrir una idea dominante, y después hallar las divisiones principales del texto (véase cap. 9). Cada división viene entonces a ser una amplificación o desarrollo del tema. En el ejemplo dado anteriormente, de Esdras 7:10, el tema es el propósito de Esdras en su corazón, y cada una de las principales divisiones, tomada del texto, desarrolla aquella idea dominante.

El Dr. James M. Gray dio una vez a su clase un bosquejo textual acerca de Romanos 12:1: «Así que, hermanos, os ruego por las misericordias de Dios, que presentéis vuestros cuerpos en sacrificio vivo, santo, agradable a Dios, que es vuestro culto racional.» Usando el sacrificio del creyente como tema, el Dr. Gray sacó las siguientes divisiones principales del versículo:

I. La razón del sacrificio: «Así que, hermanos, os ruego por las misericordias de Dios»

II. Lo que ha de ser sacrificado: «que presentéis vuestros cuerpos»

III. Las condiciones del sacrificio: «En sacrificio vivo... a Dios»

IV. La obligación del sacrificio: «Que es vuestro culto racional»

El siguiente bosquejo del Salmo 23:1 se desarrolla bajo la idea dominante de la relación del Señor con el creyente:

Título: *«Jesús es mío»*

I. Es una relación que da seguridad: «El Señor es mi *pastor*»

II. Es una relación personal: «El Señor es *mi* pastor»

III. Es una relación presente: «El Señor *es* mi pastor»

Al tratar de preparar un bosquejo textual, las divisiones principales en algunos textos son tan evidentes que podemos experimentar poca o ninguna dificultad para descubrirlas y para ver a continuación su relación con una idea dominante. Pero, por lo general, es mejor hallar primero el tema del texto, porque después es más fácil discernir las divisiones principales.

2. Las principales divisiones pueden consistir en verdades o principios sugeridos por el texto.

El bosquejo de un sermón textual no tiene que consistir en un análisis del texto. En lugar de ello, las verdades o principios sugeridos por el texto pueden ser utilizados para formar las divisiones principales.

Léase Juan 20:19-20, y obsérvese después, con el bosquejo que sigue más abajo, que las verdades espirituales expresadas en las divisiones principales son tomadas del texto.

Título: «*El gozo de la Pascua*»
Tema: Semejanza del pueblo de Dios con los discípulos

I. Como los discípulos, el pueblo de Dios se encuentra en ocasiones angustiado, sin la consciencia de la presencia de Cristo (v. 19*a*)
   A. Están a veces profundamente angustiados debido a circunstancias adversas
   B. A veces están innecesariamente angustiados en medio de circunstancias adversas

II. Como los discípulos, el pueblo de Dios experimenta la consolación de Cristo (vv. 19*b*-20*a*)
   A. Experimentan la consolación de Cristo cuando Él viene a ellos en el momento que más le necesitan
   B. Experimentan la consolación de Cristo mediante las palabras que Él les habla

III. Como los discípulos, el pueblo de Dios se llena de gozo por la presencia de Cristo (v. 20*b*)
   A. Se llena de gozo, aunque sus circunstancias adversas permanezcan sin cambios
   B. Se llena de gozo, debido a que Cristo está en medio de ellos

Aplicando la misma norma a Esdras 7:10, y con el tema de los principios básicos de la enseñanza eficaz de la Biblia, es posible comunicar cuatro verdades principales del texto:

Título: «*Enseñanza bíblica de calidad*»
Tema: Principios básicos para la eficaz enseñanza de la Biblia

I. Demanda una decidida resolución: «Esdras había preparado su corazón»
II. Demanda una asimilación diligente: «para inquirir la Ley de Jehová»
III. Demanda una dedicación total: «y para cumplirla»
IV. Demanda una fiel propagación: «y para enseñar en Israel sus estatutos y decretos»

3. **Puede ser posible hallar más de un tema o pensamiento dominante en un texto, dependiendo del punto de vista desde el que consideremos el texto, pero sólo se debiera desarrollar un tema en un bosquejo.**

Por medio del método del «enfoque múltiple» podemos considerar el texto desde varias perspectivas, utilizando en cada caso una distinta idea central, y así tendremos más de un bosquejo para un texto determinado. Ilustraremos este principio con Juan 3:16 como texto. Utilizando distintivos del don de Dios como nuestra principal idea, obtenemos el siguiente bosquejo:

I. Es un don de amor: «De tal manera amó Dios al mundo»
II. Es un don sacrificado: «que ha dado a su Hijo unigénito»
III. Es un don eterno: «no se pierda, mas tenga vida eterna»
IV. Es un don universal: «todo aquel»
V. Es un don condicional: «que en Él cree»

Considerando el mismo texto desde otra perspectiva, por ejemplo, en que el pensamiento dominante sea el de sus características vitales con respecto a la vida eterna, el bosquejo derivado de esta idea será:

   I. El que la ha dado: «Dios»
  II. La razón de darla: «de tal manera amó al mundo»
 III. El precio que pagó para darla: «que ha dado a su Hijo unigénito»
 IV. La parte que podemos tener en ella: «para que todo aquel que en Él cree»
  V. La certeza de nuestra posesión: «no se pierda, más tenga vida eterna»

Para el principiante que encuentre dificultades en el desarrollo de un bosquejo basado en un texto determinado, puede ser mejor, en algunas ocasiones, probar más de un enfoque del texto. En otras palabras, que mire el versículo, como hemos hecho aquí, desde otros puntos de vista, y que intente desarrollar un bosquejo con un tema diferente.

4. Las principales divisiones debieran estar en una secuencia lógica o cronológica.

No siempre es necesario seguir el orden de las palabras en el texto, pero las divisiones principales deberían indicar un desarrollo progresivo de la idea.

Tomando la primera parte de Juan 3:36 como nuestro texto: «El que cree en el Hijo tiene vida eterna», empezamos con el tema de hechos importantes con respecto a la salvación, y descubrimos en el texto las siguientes divisiones:

   I. El dador: «El Hijo»
  II. La condición: «cree»
 III. Su disponibilidad: «El que cree»
 IV. Su seguridad: «tiene»
  V. Su duración: «eterna»

Podemos dar a este bosquejo el título: «La vida interminable.» Vemos que el título es diferente del tema, pero éste es sugerido por el texto.

5. **Las mismas palabras del texto pueden formar las divisiones principales, siempre que estas divisiones queden agrupadas alrededor de un tema principal.**

Hay numerosos textos de este tipo que se prestan a un bosquejo evidente en sí mismos. Aquí tenemos una ilustración, basada en Lucas 19:10: «Porque el Hijo del Hombre vino a buscar y a salvar lo que se había perdido.»

Título: «*A qué vino Jesús*»

I. El Hijo del Hombre vino a buscar lo que se había perdido
II. El Hijo del Hombre vino a salvar lo que se había perdido

Es evidente que en este bosquejo, tanto el título como el tema, son esencialmente iguales. Esto es también cierto del próximo ejemplo, basado en Juan 14:6: «Jesús le dijo: Yo soy el camino, y la verdad, y la vida; nadie viene al Padre, sino por mí.»

Título: «*El único acceso a Dios*»

I. Es mediante Jesús, el camino
II. Es mediante Jesús, la verdad
III. Es mediante Jesús, la vida

En el curso de nuestro ministerio no debiéramos dejar de hacer pleno uso de textos como éste, que tienen una estructura tan evidente. Sin embargo, para el estudiante que está tratando de adquirir la capacidad de preparar sermones textuales, sería mejor y más prudente evitar estos bosquejos «fáciles» y concentrar sus esfuerzos en aquellos textos, cuya preparación de bosquejos será un estímulo para ellos.

6. El contexto del texto que se toma deberá ser observado cuidadosamente, y se relacionará con el texto.

La relación de un texto con su contexto es de importancia básica para una interpretación correcta de las Escrituras. Nunca se insistirá lo suficiente acerca de la importancia de este hecho, porque el descuido de esta norma puede tener como resultado una seria distorsión de la verdad o una falsa aplicación del pasaje.

Tomemos Colosenses 2:21 como ejemplo. Dice: «No manejes, ni gustes, ni aun toques.» Si sacamos este pasaje de su contexto podemos fácilmente caer en el error de creer que Pablo está enseñando una forma de estricto ascetismo. Pero leído en su contexto, Colosenses 2:21 se refiere a las normas y reglas que los falsos maestros estaban tratando de imponer a los cristianos en Colosas.

Los textos tomados de los pasajes históricos de las Escrituras pierden también su significado propio, a no ser que se estudie cuidadosamente su relación con el contexto. Esto es evidente en relación con Daniel 6:10: «Cuando Daniel supo que el edicto había sido firmado, entró en su casa, y abiertas las ventanas que daban hacia Jerusalén, se arrodillaba tres veces al día, y oraba y daba gracias delante de su Dios, como lo solía hacer antes.» La oración y acción de gracias de Daniel en esta ocasión tienen su significado propio solamente en relación con la amenaza que pesaba sobre su vida, y que se describe en los versículos anteriores de Daniel 6.

7. Algunos textos contienen comparaciones o contrastes, que pueden recibir su mejor trato al señalarse sus similitudes o diferencias llenas de propósito.

El tratamiento de este tipo de textos dependerá de una cuidadosa observación del contenido del versículo o versículos involucrados.

En Hebreos 13:5-6 tenemos una comparación intencionada entre lo que el Señor ha dicho y lo que nosotros podemos, en consecuencia, decir. Un vistazo a estos versículos hace evidente esta comparación: «Él [Dios] dijo: No te desampararé, ni te dejaré; de manera que podemos decir confiadamente: El Señor es mi ayudador; no temeré lo que me pueda hacer el hombre.»

Nótese el triple contraste de Proverbios 14:11. El texto dice: «La casa de los impíos será asolada; pero florecerá la tienda de los rectos.» Es evidente que tenemos aquí una elección llena de intención en el texto, a fin de destacar la diferencia entre los impíos y los rectos, la casa y la tienda, y la desolación de aquello que parecía la estructura más fuerte del impío en contraste con el florecimiento de la estructura más ligera del recto.

Obsérvese también el contraste en 2.ª Corintios 4:17: «Porque esta leve tribulación momentánea produce en nosotros un cada vez más excelente y eterno peso de gloria.» En este versículo tenemos un contraste lleno de intención entre la prueba presente y la recompensa futura, entre las tribulaciones de esta vida y la gloria venidera.

En el Salmo 1:1-2 leemos: «Bienaventurado el varón que no anduvo en consejo de malos, ni estuvo en camino de pecadores, ni en silla de escarnecedores se ha sentado; sino que en la ley de Jehová está su delicia, y en su ley medita de día y de noche.» El siguiente bosquejo sugiere cómo podríamos tratar un texto que contiene un contraste como el que se halla en éste:

Título: «*El hombre bienaventurado*»
Tema: Dos aspectos de un carácter piadoso

    I.   El aspecto negativo, separación de los que hacen el mal (v. 1)
  II.   El aspecto positivo, devoción a la ley de Dios (v. 2)

8. **Dos o tres versículos, tomados cada uno de ellos de diferentes partes de las Escrituras, pueden ser puestos juntos, y tratados como si fuera un solo texto.**

En lugar de utilizar uno de estos versículos para apoyar una división principal, y el siguiente como base de la segunda división principal, los versículos se disponen como si formaran un solo texto, y las divisiones principales se toman indiscriminadamente de los versículos así combinados.

La combinación de versículos de esta manera debería hacerse solamente cuando éstos tengan una relación verdadera entre sí. Cuando se hace apropiadamente, un mensaje textual de este tipo viene a ser un medio muy valioso de presentar vigorosamente las verdades espirituales. Tomemos, por ejemplo, Hechos 20:19-20 y 1.ª Corintios 15:10. Nótese cómo estas dos referencias tratan del ministerio del apóstol Pablo:

> «[He servido] al Señor con toda humildad, y con muchas lágrimas, y pruebas que me han venido por las asechanzas de los judíos; y como nada que fuese útil he rehuido de anunciaros y enseñaros, públicamente y por las casas» (Hechos 20:19-20).
>
> «Pero por la gracia de Dios soy lo que soy; y su gracia no ha sido en vano conmigo, antes he trabajado más que todos ellos; pero no yo, sino la gracia de Dios conmigo» (1.ª Co. 15:10).

   I.   Debiera ser un ministerio humilde: «Con toda humildad»
   II. Debiera ser un ministerio serio: «con muchas lágrimas»
   III. Debiera ser un ministerio de enseñanza: «enseñaros públicamente»
   IV. Debiera ser un ministerio potenciado por Dios: «he trabajado... la gracia de Dios conmigo»
   V.   Debiera ser un ministerio fiel: «nada que fuese útil he rehuido de anunciaros»
   VI. Puede que tenga que ser un ministerio laborioso: «he trabajado más que todos ellos»

Un título apropiado para este bosquejo podría ser: «El ministerio que cuenta.»

SERIE DE SERMONES TEXTUALES

Dando un poco de atención, los mensajes textuales se pueden disponer fácilmente en una serie. Podemos seleccionar un tema general, y elegir varios textos que desarrollar. Cada texto viene a ser entonces la base de un mensaje textual. Como primer ejemplo elegimos la palabra «venir» como base de una serie acerca de «Los mejores secretos de Dios». Observemos que cada texto en la serie contiene el verbo «venir»:

El secreto del discipulado, basado en Mateo 19:21: «Jesús dijo: "Si quieres ser perfecto, anda, vende lo que tienes, y dalo a los pobres, y tendrás tesoro en el cielo; y ven y sígueme."»

El secreto del reposo, basado en Mateo 11:28: «Venid a Mí todos los que estáis trabajados y cargados, y Yo os haré descansar.»

El secreto de la confianza, basado en Mateo 14:28-29: «Respondió Pedro, y dijo: "Señor, si eres tú, manda que yo vaya a ti sobre las aguas." Y Él dijo: "Ven." Y descendiendo Pedro de la barca, andaba sobre las aguas para ir a Jesús.»

El secreto de la satisfacción, basado en Juan 7:37: «En el último y gran día de la fiesta, Jesús se puso en pie y alzó la voz, diciendo: "Si alguno tiene sed, venga a mí y beba."»

Otra serie de mensajes textuales podría ser la titulada: «Las alabanzas de los enemigos de Cristo.» Al ir señalando las afirmaciones con respecto a Cristo hechas por Sus enemigos y registradas en los Evangelios, es significativo que las declaraciones más notables acerca de Cristo fueron hechos por hombres que o bien se oponían a Él o bien le rechazaban. Relacionamos cuatro de estas afirmaciones con títulos de sermón para una serie acerca de «Las alabanzas de los enemigos de Cristo».

«Éste a los pecadores recibe, y con ellos come» (Lc. 15:2). Título: «*Jesús, el Amigo de los pecadores.*»
«Este hombre hace muchas señales» (Jn. 11:47). Título: «*Jesús, el Obrador de milagros.*»
«A otros salvó, así mismo no se puede salvar» (Mt. 27:42). Título: «*Jesús, el Salvador que no pudo salvarse a Sí mismo.*»
«Ningún delito hallo en este hombre» (Lc. 23:4). Título: «*Jesús, el Hombre perfecto.*»

Hay siete ocasiones en la Biblia en las que el Señor se dirige al individuo por su nombre dos veces seguidas. La repetición, en las Escrituras, es un modo de hacer énfasis, y el predicador puede utilizar algunas o todas estas llamadas para una serie de interesantes mensajes. Aquí tenemos cuatro de estas dobles llamadas de Dios:

«Entonces el ángel de Jehová le dio voces desde el cielo, y dijo: "Abraham, Abraham." Y él respondió: "Heme aquí." Y dijo: "No extiendas tu mano sobre el muchacho, ni le hagas nada; porque ya conozco que temes a Dios, por cuanto no me rehusaste tu Hijo, tu único"» (Gn. 22:11-12). Título: «*El llamamiento a confiar.*»
«Viendo Jehová que él iba a ver, lo llamó Dios de en medio de la zarza, y dijo: "¡Moisés, Moisés!" Y él respondió: "Heme aquí." Y dijo: "No te acerques; quita tu calzado de tus pies, porque el lugar en que tú estás, tierra santa es"» (Éx. 3:4-5). Título: «*El llamamiento al servicio.*»
«Respondiendo Jesús, le dijo: "Marta, Marta, afanada y turbada estás con muchas cosas. Pero sólo una cosa es necesaria; y María ha escogido la buena parte, la cual no le será quitada» (Lc. 10:41-42). Título: «*El llamamiento a la comunión.*»
«Cayendo en tierra, oyó una voz que le decía: "Saulo, Saulo, ¿por qué me persigues?"» (Hechos 9:4). Título: «*El llamamiento a la rendición.*»

Cada ministro de Jesucristo debiera estar familiarizado con las «Siete Últimas Palabras», esto es, las declaraciones de Cristo mientras estaba clavado en la cruz. Es importante que el predicador tenga, por lo menos, dos o tres mensajes basados en estas declaraciones de Cristo, y cuando la ocasión lo permita debería intentar el desarrollo de una serie de mensajes para el tiempo de la Pascua acerca de todas estas «Siete Últimas Palabras». La serie podría ir encabezada así: «Palabras desde la cruz», con títulos de sermón como los que siguen:

«*Intercesión en la cruz*», basado en Lucas 23:33-34: «Y cuando llegaron al lugar llamado de la Calavera, le crucificaron allí, y a los malhechores, uno a la derecha y otro a la izquierda. Y Jesús decía: "Padre, perdónalos, no saben lo que hacen."»

«*Salvación en la cruz*», basado en Lucas 23:42-43: «Y dijo a Jesús: "Acuérdate de mí cuando vengas en tu reino." Entonces Jesús le dijo: "De cierto te digo que hoy estarás conmigo en el paraíso."»

«*Afecto en la cruz*», basado en Juan 19:25-27: «Estaban junto a la cruz de Jesús su madre, y la hermana de su madre, María, mujer de Cleofás, y María Magdalena. Cuando vio Jesús a su madre, y al discípulo a quien Él amaba, que estaba presente, dijo a su madre: "Mujer, he aquí tu hijo." Y después dijo al discípulo: "He ahí tu madre."»

«*Abandonado en la cruz*», basado en Mateo 27:46: «Cerca de la hora novena, Jesús clamó a gran voz, diciendo: "Elí, Elí, ¿lama sabactani?" Esto es: "Dios mío, Dios mío, ¿por qué me has desamparado?"»

«*Sed en la cruz*», basado en Juan 19:28-29: «Después de esto, sabiendo Jesús que ya estaba todo consumado, dijo, para que la Escritura se cumpliese: "Tengo sed." Y estaba allí una vasija llena de vinagre; entonces ellos empaparon en vinagre una esponja, y poniéndola en un hisopor, se la acercaron a la boca.»

«*Triunfo en la cruz*», basado en Juan 19:30: «Cuando Jesús hubo tomado el vinagre, dijo: "Consumado es." Y habiendo inclinado la cabeza, entregó el espíritu.»

«*Entrega en la cruz*», basado en Lucas 23:46: «Entonces Jesús, clamando a gran voz, dijo: "Padre, en tus manos encomiendo mi espíritu." Y habiendo dicho esto, expiró.»

El libro de los Salmos dará textos apropiados para una sucesión de sermones acerca de «Males comunes de la humanidad». Para un sermón acerca de la depresión, podremos tomar el Salmo 42:11; para uno acerca del temor, el Salmo 56:3; para uno acerca de la culpa, el Salmo 51:2-3; para un discurso acerca de la angustia, el Salmo 25:16-17; y para un mensaje acerca de las frustraciones, el Salmo 41:9-10. El mismo libro puede proveer material para un grupo de mensajes acerca de «Las bendiciones de los Salmos», cada uno de ellos basado en la frase «Bienaventurado el varón». Un mensaje podría tener como título «La bienaventuranza del piadoso», del Salmo 1:1; otro, «La bienaventuranza del hombre perdonado», del Salmo 32:1-2. El examen de una concordancia completa dará la necesaria información acerca de otras bienaventuranzas de los Salmos.

Otra serie pudiera ser acerca de «Las afirmaciones de Cristo», sacadas de los «YO SOY» del Señor Jesús en el Evangelio de Juan, como: «Yo soy el pan de vida», «Yo soy el buen pastor» y «Yo soy el camino, la verdad y la vida».

Los ejemplos dados hasta aquí debieran ser suficientes para indicar al estudiante cómo es posible formular un plan de sermones textuales basados en las Escrituras. La predicación en orden seriado da continuidad de pensamiento a los sermones del predicador, y tiene la posibilidad de generar mucho interés, cuando los sermones están apropiadamente dispuestos y desarrollados.

CONCLUSIÓN

El principiante encuentra, por lo general, una considerable dificultad en la preparación de los bosquejos textuales.

Esto se debe a que la formulación de un bosquejo textual demanda frecuentemente un examen cuidadoso de las divisiones naturales del texto. Sin embargo, cualquier dificultad de este tipo no debiera ser un freno para el estudiante, sino que debiera servirle de estímulo para lanzarse a adquirir la capacidad de desarrollar sermones textuales. Al entregarse a esta tarea conseguirá, quizá de una manera imperceptible, la habilidad de descubrir el bosquejo que parece hallarse escondido en el texto, y se hará conocedor, de una manera más profunda y entrañable, de preciosos pasajes de la Palabra de Dios.

Pero hay otra característica enriquecedora para el diligente trabajador de los sermones textuales: una compensación que se halla en el momento de pronunciar el mensaje. Al desarrollar el joven predicador las riquezas contenidas en su texto, observará como es un deleite para los espirituales entre el pueblo de Dios recibir el alimento espiritual que, incluso un solo versículo de las Escrituras, puede proveer.

EJERCICIOS

1. Preparar un bosquejo textual de 1.ª Tesalonicenses 2:8, dando el título, tema y divisiones principales. En éste, y en todos los otros bosquejos textuales que se preparen, escribir, después de cada división principal, aquella porción del texto que dé apoyo a cada división principal.

2. Preparar un bosquejo textual de Tito 2:11-13, dando el título, tema y divisiones principales. Como se ha señalado en el anterior ejercicio, citar después de las divisiones principales las porciones del texto que se apliquen a las divisiones principales respectivas.

3. Hallar un texto propio y, usando el método de enfoque múltiple (véase pág. 47), preparar dos bosquejos para el mismo texto. Escribir el texto completo, e indicar el título, el tema y las principales divisiones en cada uno de los dos bosquejos.

4. Usar sólo la segunda mitad del Salmo 51:7 como texto, y formular un bosquejo, dando título, tema y divisiones principales.

5. Hallar textos apropiados (el texto no debiera tener más de tres versículos) para cada una de las siguientes ocasiones:

(1) Un sermón de Año Nuevo
(2) Un sermón de Día del Padre
(3) Un servicio de dedicación para un recién nacido
(4) Un mensaje para el funeral de un padre cristiano
(5) Un servicio de casamiento
(6) Un servicio evangelístico
(7) Un mensaje misionero
(8) Una reunión de jóvenes
(9) Un servicio de adoración de domingo por la mañana
(10) Un mensaje para obreros cristianos

Escribir cada texto completo, en el orden anteriormente dado, y dar un título apropiado a cada uno de ellos.

6. Preparar un bosquejo textual de Daniel 6:10, indicando el título, tema y divisiones principales.

7. En Génesis 39:20-21 existe un contraste poderoso entre los versículos 20 y 21. Hacer un bosquejo del pasaje, dando el título, tema y divisiones principales.

8. La primera parte de Éxodo 33:11 dice: «Y hablaba Jehová a Moisés cara a cara, como habla cualquiera a su compañero»; Deuteronomio 34:10 dice: «Y nunca más se levantó profeta en Israel como Moisés, a quien haya conocido Jehová cara a cara.» Combinar estos dos textos, como si fueran uno solo, y preparar un bosquejo textual, dando el título, el tema, y las divisiones principales de los versículos combinados.

9. Este capítulo contiene los títulos para una serie de mensajes acerca de «Las alabanzas de los enemigos de Cristo»; copiar estos títulos, y añadir tres más de tales «alabanzas», dando el texto y un título para cada mensaje.

10. Relacionar una serie de cinco textos apropiados para servicios de comunión. Citar cada texto por entero, dando un título apropiado a cada uno. Preparar un bosquejo textual, usando el primer texto en la serie de mensajes de comunión, dando el título, tema y divisiones principales.

Capítulo 3

EL SERMÓN EXPOSITIVO

DEFINICIÓN DE UN SERMÓN EXPOSITIVO

El sermón expositivo es la forma más eficaz de dirigirse desde el púlpito debido a que, por encima de todos los demás tipos de discurso, es el que más eficazmente llega a producir una congregación bíblicamente instruida. Al exponer un pasaje de las Sagradas Escrituras, el ministro cumple la función primaria de la predicación, esto es, la interpretación de la verdad bíblica a los hombres (lo cual no siempre puede decirse de los otros tipos de sermones).

Un sermón expositivo es aquel en el que se interpreta una porción más o menos extensa de las Escrituras en relación con un tema o asunto. El grueso del material para el sermón se toma directamente del pasaje y el bosquejo consiste en una serie de ideas progresivas centradas alrededor de aquella idea principal.

Al examinar esta definición, señalamos, en primer lugar, que el sermón expositivo está basado en «una porción más o menos extensa de las Escrituras». El pasaje puede consistir en unos pocos versículos o puede extenderse a través de todo un capítulo, o incluso más. Para nuestros propósitos, usaremos, a través de la consideración que aquí hacemos del sermón expositivo, un mínimo de cuatro versículos, pero no pondremos ningún límite superior.

La definición afirma también que una porción más o menos extensa de las Escrituras «se interpreta en relación con un tema o asunto». El grupo de versículos que forma la base de un sermón expositivo es denominado por el Dr. James M. Gray: «Una unidad de exposición.» Más específicamente, la unidad expositiva consiste en un número de versículos de los que emerge la idea central. Así, el sermón expositivo, como el temático y el textual, se centra alrededor de un tema dominante, pero en el caso del mensaje expositivo éste proviene de una cantidad de versículos, en lugar de surgir de un solo versículo o de dos.

La definición dice, además, que: «El grueso del material para el sermón se toma directamente del pasaje.» No solamente debieran ser expuestas las ideas conductoras del pasaje en un discurso expositivo, sino que también deberían explicarse los detalles de manera adecuada, y hacer que éstos den los principales materiales del sermón. Sigue de ello, por tanto, que cuando se derivan todas las subdivisiones, así como las principales divisiones, de la misma porción de las Escrituras y cuando todas estas divisiones están expuestas o interpretadas de una manera apropiada, todo el bosquejo del sermón se basa por ello, de manera directa, sobre el pasaje.

El tema del pasaje debe siempre quedar presente en mente a través de un sermón expositivo, y ya que esta idea principal se desarrolla sobre un pasaje, debería haber en el bosquejo una serie de ideas progresivas, todas ellas relacionadas con el tema. Esto se irá haciendo más claro para el lector al observar los ejemplos que se dan en este capítulo.

Hay una expresión significativa en nuestra definición, que no debe ser pasada por alto. Notemos de nuevo la primera parte de la definición: «Un sermón expositivo es aquel en el que se interpreta una porción más o menos extensa de las Escrituras.» Consideremos cuidadosamente lo que aquí se dice.

En una exposición tenemos que desarrollar el significado o interpretar las Escrituras. Éste es el genio de la predicación expositiva: clarificar y hacer llano el significado de las Escrituras. Para llevar esto a cabo, sin embargo, tenemos que estudiar los detalles a fondo a fin de dominarlos (ver cap. 9). Pero recuérdese siempre que la clarificación de un pasaje de las Escrituras debe tener como objetivo relacionar el pasado con el presente, o mostrar la pertinencia de la verdad con la escena contemporánea.

DIFERENCIA ENTRE UN SERMÓN TEXTUAL Y UNO EXPOSITIVO

Será bueno pasar ahora a examinar cuidadosamente la diferencia entre un sermón textual y uno expositivo.

Hemos visto anteriormente que un sermón textual es aquel en el que las divisiones principales se derivan de un texto que consiste en una breve porción de las Escrituras, generalmente un solo versículo o dos, o algunas veces incluso una parte de un versículo. En el caso de un sermón expositivo, el texto puede ser una porción más o menos extensa de las Escrituras, algunas veces cubriendo un capítulo entero, o mucho más texto, tomándose las divisiones del mismo pasaje. Más aún, en el discurso textual, las divisiones que se derivan del texto son usadas como línea de sugerencia. Esto es, indican la tendencia de pensamiento que debe seguirse en el sermón, permitiendo que el predicador consiga sus subdivisiones, o ideas para el desarrollo del bosquejo, de cualquier otro pasaje de las Escrituras que armonice con un desarrollo lógico de los pensamientos contenidos en las divisiones principales. El sermón expositivo, por otra parte, le hace necesaria al predicador la derivación de todas las subdivisiones, además de las divisiones principales, de la misma unidad de las Escrituras que se propone exponer. De esta manera, todo el sermón consiste en una exposición de una cierta parte de las Escrituras, y el pasaje mismo viene a ser la trama y la tela del discurso.

En otras palabras, la sustancia del pensamiento se toma directamente del texto, y el sermón es decididamente interpretativo.

Como afirmamos en el capítulo 2, hay algunos textos que, aunque comprendiendo un solo versículo o dos, son tan detallados que podemos derivar de ellos, no solamente las divisiones principales, sino también las subdivisiones mismas del pasaje. Cuando se hace así, el sermón textual se trata expositivamente, y el discurso entero resulta ser una exposición del texto.

EJEMPLOS DE BOSQUEJOS DE SERMÓN EXPOSITIVO

Para nuestro primer ejemplo de bosquejo de sermón expositivo usaremos Efesios 6:10-18. A fin de que el estudiante pueda seguir el procedimiento utilizado en la construcción del bosquejo, es muy de recomendar que primero lea el pasaje repetidas veces y que lo estudie cuidadosamente antes de observar el bosquejo que sigue. Sugerimos también que haga lo mismo en su enfoque de cada uno de los demás bosquejos de este capítulo, y en todos los sucesivos capítulos de esta obra.

Incluso una lectura superficial de Efesios 6:10-18 nos llevará a la conclusión de que Pablo está tratando aquí con la guerra espiritual en que se halla implicado el creyente, y tratando de familiarizarle con las varias características de este conflicto, a fin de que llegue a ser un soldado victorioso.

Si consideramos el pasaje con especial atención veremos que en los versículos 10 al 13 el apóstol está alentando al creyente a ser valiente y firme frente a abrumadores adversarios espirituales. En otras palabras, Pablo se refiere en estos versículos a la moral del cristiano. Los versículos 14 al 17 tienen que ver con las varias piezas de la armadura que el Señor ha provisto al santo para que pueda hacer frente a enemigos sobrehumanos. Por ello, llegamos a la conclusión de que esta sección puede recibir el nombre de: «La armadura del cristiano.» Pero antes de que el apóstol acabe su consideración de las características que aparecen en la guerra espiritual, añade el versículo 18. Aquí le dice al creyente, revestido de la armadura de Dios, que también debe darse a una persistente oración en el Espíritu y a una constante intercesión por todos los santos. Es evidente, entonces, que la característica final que Pablo considera en relación con el conflicto espiritual, es la vida de oración del cristiano. Estamos ahora listos para exponer en forma de bosquejo los tres principales puntos que trata el apóstol en relación con la guerra espiritual del creyente:

    I.   La moral del cristiano (vv. 10-13)
   II.   La armadura del cristiano (vv. 14-17)
  III.   La vida de oración del cristiano´ (v. 18)

Al examinar los versículos 10 al 13 más de cerca, vemos que hay al menos dos aspectos de la moral del cristiano que destaca el gran apóstol. Para empezar, apremia al creyente en conflicto espiritual a que ponga su confianza en el Señor y que, habiendo hecho esto, «estar firmes» (ver vv. 11, 13, 14*a*), sin importar lo grandes y poderosos que puedan parecer los enemigos. En el desarrollo del bosquejo expositivo descubrimos así dos subdivisiones bajo «La moral del cristiano». En primer lugar, la moral debiera ser elevada, y en segundo lugar, la moral del cristiano debiera ser firme.

Cuando examinamos la segunda sección de la unidad expositiva, esto es, los versículos 14 al 17, observamos que las varias piezas de la armadura del cristiano pueden ser agrupadas en dos partes principales, siendo las primeras piezas del equipo las ramas defensivas, y la última de la lista, la espada del Espíritu, el arma ofensiva. De pasada, es interesante señalar que la armadura del cristiano no da ninguna protección para la espalda, por la evidente razón de que el Señor no tiene la voluntad de que Sus soldados se den la vuelta y huyan en el día de la batalla.

La sección final, versículo 18, puede también subdividirse en dos partes. Una cuidadosa atención a la primera parte del

que sigan la línea de un cierto tema, como Éxodo 25—40 sobre el tabernáculo, o Génesis 37—50 acerca de la vida de José, o Daniel 7—12 acerca de las visiones de Daniel. Los mensajes a las siete iglesias de Asia, en Apocalipsis 2 y 3, nos dan el material para un grupo de siete sermones con estos títulos:

«La iglesia activa» (2:1-7)
«La iglesia sufriente» (2:8-11)
«La iglesia acomodaticia» (2:12-17)
«La iglesia corrompida» (2:18-29)
«La iglesia muerta» (3:1-6)
«La iglesia misionera» (3:7-13)
«La iglesia indiferente» (3:14-22)

Otro método para desarrollar una serie de sermones expositivos es el de tomar un capítulo, o una sección de un capítulo, y mediante un cuidadoso estudio del texto, desarrollar un número de mensajes relacionados entre sí. Como ilustración usamos 1.° Reyes 10:1-13, con respecto a la visita de la reina de Saba a Salomón. En esta sección hallamos los siguientes títulos para una serie de exposiciones acerca de «Las riquezas permanentes»:

«Hallando riquezas permanentes» (vv. 1-5)
«Gozando de riquezas permanentes» (vv. 6-9)
«Poseyendo riquezas permanentes» (vv. 10-13)

Un cuidadoso examen de 2.° Reyes 5:1-15 nos revelará varios instrumentos que Dios usó para llevar a Naamán, el leproso, a que le conociera. Como resultado, podemos formular una serie acerca de «Instrumentos que Dios usa para bendición».

Isaías 6:1-13 da la base para una serie de mensajes acerca de «La preparación para el servicio». Los siguientes títulos tratan los pasos sucesivos en la preparación de un hombre de Dios para el servicio del Señor:

«Una visión del Señor» (vv. 1-4)
«Confesión al Señor» (v. 5)
«Purificación por parte del Señor» (vv. 6-7)
«Dedicación al Señor» (v. 8)
«Comisión de parte del Señor» (vv. 9-13)

El primer mensaje de la serie podría ser desarrollado siguiendo las líneas que se indican a continuación:

I. El hombre que quiera servir eficazmente al Señor tiene que haber tenido una visión del Señor en Su gloria (vv. 1-2)

II. El hombre que quiera servir eficazmente al Señor tiene también que haber tenido una visión del Señor en Su santidad (vv. 3-4)

El expositor experimentado puede tomar libros enteros de la Biblia y presentar un plan de mensajes, dando una sinopsis de cada libro de la serie. Por ejemplo: «Cuatro hombres que predijeron el futuro», podría ser un buen título para una serie acerca de los Profetas Mayores, acentuando en cada caso un rasgo distintivo del profeta.

«Isaías, el profeta mesiánico»
«Jeremías, el profeta acongojado»
«Ezequiel, el profeta silencioso»
«Daniel, el profeta apocalíptico»

Terminamos esta sección sobre la predicación de series de sermones expositivos con una palabra de consejo. Aunque estas series posibilitan la enseñanza de la Biblia con una eficacia que ningún otro método de predicación puede llegar a conseguir, tenemos que tener la precaución de que esta serie no sea demasiado larga. Es posible que, incluso para una congregación que está acostumbrada al método expositivo, sea cansado seguir un solo tema a lo largo de un extenso período de tiempo. La necesidad de tener cuidado se aplica particularmente al expositor con poca experiencia, que pueda no ser capaz de dar suficiente variedad o interés a los mensajes en una serie, cuando sigan un tema principal o se deriven de un libro.

CONCLUSIÓN

De todo lo que se ha considerado en este capítulo, se puede decir con justificación que el método expositivo es, en un sentido, la forma más sencilla de predicar. Esto se debe a que los materiales básicos para el sermón expositivo están contenidos en el pasaje a exponer, y a que, como norma general, el predicador tiene sólo que seguir el orden dado por el texto.

Pero hay otras ventajas en la predicación expositiva. En contraste con otros tipos de mensajes, asegura el logro de un mejor conocimiento de las Escrituras por parte, tanto del predicador como de los oyentes. Además, como ha observado el Dr. James M. Gray: «La predicación expositiva obliga a que los sermones contengan más de la pura verdad bíblica y de los modos bíblicos de ver las cosas», y conducirá al predicador a la inclusión en sus mensajes de muchas exhortaciones prácticas que pudieran, bajo otras circunstancias, parecer ofensivamente personales a algunos de los oyentes.

Hay, además, otra importante ventaja. El estudiante que llegue a ser un expositor capaz de la Palabra de Dios se dará más y más cuenta, a lo largo de su experiencia, de que la predicación expositiva dará repetida ocasión para comentar acerca de pasajes de la Biblia que, de otra manera, no hubiera usado en su ministerio.

EJERCICIOS

1.   Indicar, por los números de los versículos, las unidades expositivas de Filipenses 4, y señalar cuál es el principal punto presentado en cada una de ellas.

2. Preparar un bosquejo expositivo de 1.ª Corintios 3:1-8, dando el título, tema y divisiones principales del pasaje. Indicar los versículos que se relacionan con cada división principal.

3. Hacer un bosquejo biográfico de Miriam, la hermana de Moisés (señalar todas las referencias bíblicas a ella, incluyendo Éxodo 2:1-10). Dar el título, tema y divisiones principales, e indicar las referencias que se relacionen con cada división principal.

4. Formular un bosquejo de Números 21:4-9, usando algunas de las verdades sugeridas por el pasaje para las principales divisiones. Indicar el título y el tema del texto.

5. Seleccionar dos o tres pasajes relacionados, de mayor o menor extensión, de varias porciones de las Escrituras, usándolas como base para un bosquejo expositivo. Dar los títulos, tema y divisiones principales, con versículos apoyando cada división principal.

6. Usando el método del enfoque múltiple, preparar un bosquejo sobre Lucas 19:1-10, seleccionando otro punto de énfasis que el usado en este capítulo. Indicar el título, tema y divisiones principales, y mostrar los versículos que pertenecen a cada división principal.

7. Elegir personalmente una unidad expositiva, y preparar dos bosquejos expositivos para el mismo pasaje. Indicar el tema y las divisiones principales de cada uno.

8. Seleccionar cinco pasajes, más o menos extensos, relacionados entre sí, y dar título a cada uno de ellos para una serie de cinco mensajes. Preparar un bosquejo expositivo para el primero.

9. Relacionar cinco títulos acerca de la vida de José, sacados de Génesis 37 — 50. Indicar las unidades expositivas, y formular un bosquejo expositivo para una de estas porciones.

10. Estudiar cuidadosamente el texto de la Epístola de Judas, dando al menos tres títulos para una serie de mensajes sobre esta carta. Desarrollar el primero en un bosquejo expositivo, mostrando el tema y las divisiones principales.

Segunda parte

LA MECÁNICA DE LA PREPARACIÓN DE UN SERMÓN

«Procura con diligencia presentarte
a Dios
aprobado, como obrero que no tiene
de qué avergonzarse,
que usa bien la palabra de verdad.»
(2.ª Timoteo 2:15)

Capítulo 4

ESTRUCTURA HOMILÉTICA

LA IMPORTANCIA DE LA ESTRUCTURA HOMILÉTICA

El doctor Martyn Lloyd-Jones, que fuera célebre pastor de la Capilla Westminster de Londres, Inglaterra, señaló en su obra *Estudios sobre el Sermón del Monte* que un sermón no es un ensayo ni una composición literaria dispuesta para su publicación, para que sea leída y vuelta a leer, sino que se trata de un mensaje que tiene como propósito que sea oído y que tenga un impacto inmediato sobre los oyentes.

A fin de asegurar este impacto, el sermón debe estar libre de ambigüedades y no contener ningún material extraño a su tema principal. Por otra parte, debe tener una forma o pauta distintiva, en la que las ideas del sermón indiquen una continuidad de pensamiento, moviéndose todo el discurso hacia una meta o punto culminante concreto. En otras palabras, el sermón debe estar construido de tal manera que los oyentes puedan captar sin dificultad la esencia del mensaje, así como los varios aspectos que aparecen en él. Ésta es la razón de la estructura homilética.

Los capítulos que siguen tratarán de la mecánica de la construcción de un sermón. No hay camino fácil para la preparación de sermones. Es algo que demanda mucho esfuerzo laborioso y paciente estudio. Después de haber aprendido estos principios, debe haber también una asidua aplicación de estas normas, si el estudiante quiere conseguir dominar la homilética.

Sin embargo, las recompensas de la diligencia valdrán mucho más que todo el tiempo y trabajo involucrados, porque si el estudiante ha captado totalmente los principios de la construcción de sermones, estarán bien encaminado hacia la meta de llegar a ser un eficaz redactor de sermones. Sus mensajes podrán quedar tan claramente presentados, desde el principio al fin, que sus oyentes podrán seguir, punto por punto, la verdad que quiere exponer de la Palabra de Dios.

FORMATO DE UN BOSQUEJO DE SERMÓN

Los capítulos precedentes han indicado algunas de las características principales de un bosquejo homilético, pero, a fin de que el lector pueda conseguir una imagen completa del formato apropiado para un bosquejo de sermón, presentamos uno a continuación.

Título ————————————————————
Texto ————————————————————
Introducción

    A. ————————————————————
    B. ————————————————————

Proposición ————————————————————
Frase interrogativa ————————————————————
Frase de transición ————————————————————

  I. Primera división principal ————————————

A. Primera subdivisión ———————————
                    Desarrollo

B. Segunda subdivisión ———————————
                    Desarrollo

    Transición

II. Segunda división principal ———————————

    A. Primera subdivisión ———————————
                        Desarrollo

    B. Segunda subdivisión ———————————
                        Desarrollo

    C. Tercera subdivisión ———————————
                        Desarrollo

    Transición

Conclusión

    A. ———————————————————
    B. ———————————————————
    C. ———————————————————

Esta pauta es típica en la construcción de la mayor parte de sermones bíblicos, esto es, el texto precede a la introducción, que va seguida de la proposición y de las frases interrogativa y de transición, en este orden; luego siguen las divisiones principales, subdivisiones y conclusión. Unas transiciones conectan las principales divisiones entre sí y con la conclusión. (Para una explicación de la proposición, y de las frases interrogativa y de transición, ver cap. 7; para la instrucción acerca de las transiciones, ver cap. 8.)

Uno de los propósitos de trabajar con un formato, es hacer evidente el bosquejo. Un bosquejo claro es de ayuda valiosísima para el orador. Cuando se tiene un bosquejo así, éste sirve de ayuda visual, auxiliando al predicador a ver todo el mensaje de golpe. El encabezamiento de la introducción y de la conclusión, y la numeración de los puntos debajo de ellos, hace que cada punto de la introducción y de la conclusión quede bien destacado, de manera que se distingue bien la progresión del pensamiento. Las divisiones principales se sitúan a la izquierda del papel, y mediante el uso de indentación, los subtítulos quedan claramente indicados como subordinados a las divisiones principales. Nótese que las divisiones principales y las subdivisiones quedan espaciadas de manera uniforme en la página, de modo que se hace evidente su relación entre ellas.

Las divisiones principales y las subdivisiones se relacionan con el uso de números romanos y de letras. Éstas se usan en lugar de números para lograr un contraste acusado con la numeración romana. Así, si el predicador quiere hablar de los términos utilizados por el apóstol Pablo al referirse al obrero cristiano en 2.ª Timoteo, capítulo 2, se referirá a ellos como «Término A», «Término B», «Término C», etc.

Si es aconsejable relacionar un número de puntos que van subordinados a las subdivisiones, éstos pueden ser numerados mediante números árabes: 1, 2, 3, etc.

Naturalmente, la cantidad de divisiones y subdivisiones no está limitada al número presentado en nuestro formato; lo mismo es cierto del número de puntos bajo la introducción y la conclusión. La consideración de estos temas se halla en capítulos posteriores.

BREVEDAD EN EL BOSQUEJO DE SERMONES

Un bosquejo debiera ser breve. La introducción y la conclusión, así como las divisiones principales, debieran expresarse en tan pocas palabras como sea coherente con una comprensión adecuada. Asimismo, los puntos contenidos en la consideración, que es simplemente una elaboración de cada subdivisión, deben ser indicados de manera concisa. En otras palabras, debiéramos tratar de comprimir párrafos enteros en breves afirmaciones, y usar abreviaturas en lugar de palabras completas, siempre que sea posible (ver los bosquejos completos de sermones en los caps. 9 y 11).

MODIFICACIÓN DE LOS PRINCIPIOS DE HOMILÉTICA

A pesar de todas las lecciones que habían dado acerca de la preparación y predicación de sermones, el doctor James M. Gray señaló una vez a su clase, que el Señor no está limitado a ninguna norma de retórica ni de homilética. En lugar de ello, es posible que tengamos un mensaje de la Palabra sin ningún plan aparente ni unidad de pensamiento. Por ello, no es necesario que el predicador crea que está siempre limitado a los principios de la homilética. «Es el espíritu el que da vida, la carne para nada aprovecha», y con nuestros corazones abiertos al Espíritu Santo para llenarnos y usarnos, ¡estemos «asidos de la palabra de vida»!

Pero mientras el estudiante esté aprendiendo homilética, no será prudente que ejerza esta libertad. Al contrario, el principiante debería aplicar rígidamente las reglas hasta que las haya dominado totalmente. Más tarde, llegará un tiempo en su ministerio en el que, bajo la guía del Espíritu de Dios, podrá dejar de lado algunos de estos principios. Al conseguir experiencia en la predicación, podrá considerar aconsejable y necesario, en ciertas ocasiones, modificar las normas que ha aprendido, dependiendo de sus propios sentimientos y de los de sus oyentes en el momento de proclamar su mensaje, dejando así lugar para un llamamiento que surja de su corazón.

Capítulo 5

EL TÍTULO

DEFINICIÓN DEL TÍTULO

En la construcción del discurso, el título es, por lo general, uno de los últimos puntos a tocar. El procedimiento habitual es la formulación de la proposición y del bosquejo principal ante todo, pero para conformarnos al orden del formato en el capítulo 4 consideraremos el título antes de tratar los otros pasos en la preparación de un sermón.

Necesitamos, ya de entrada, conseguir una clara comprensión del significado del asunto, tema, tópico y título. Algunos escritores de homilética diferencian entre asunto, tema y tópico. Dicen que el asunto da la idea general, en tanto que el tema o tópico dan un aspecto particular o específico del asunto. Sin embargo, estos tres términos son sinónimos. O sea, un tema, tópico o asunto es aquello que forma la base para nuestra consideración o estudio.

Así, un tema puede ser amplio, o puede ser reducido a una área limitada para su consideración. Por ejemplo, son tantos los aspectos del amplio tema de la «gracia», tales como el significado de la gracia, la fuente de la gracia, la manifestación de la gracia, la evidencia de la gracia, los efectos de la gracia, etcétera, que es imposible tratar el tema de una manera adecuada en un mensaje. De aquí que sea siempre mejor para el predicador limitar su tema a un aspecto particular, para tratar aquella área limitada de una manera apropiada.

El título, sin embargo, es una expresión de un aspecto específico que ha de ser presentado en el sermón, expresado de tal manera que sea apropiado para anunciar el sermón.

Así, el título es un embellecimiento del tema. Por ejemplo, si nuestro tema es «condiciones para el crecimiento en gracia», nuestro título, que figurará en el boletín de la iglesia o en el diario, pudiera ser: «Cómo crecer en la gracia», o «Madurando en el crecimiento espiritual». Por otra parte, si seleccionamos la segunda mitad de Romanos 5:17 como texto: «Mucho más reinarán en vida por uno solo, Jesucristo, los que reciben la abundancia de la gracia y del don de la justicia», el tema general puede ser «la victoria», el tema específico «los requisitos previos para la victoria», y el título: «El secreto de la vida cristiana victoriosa», o «La vida cristiana victoriosa».

Puede haber ocasiones en que el tema y el título sean exactamente los mismos, especialmente si el tema es suficientemente interesante en sí mismo como para ser apropiado como título del sermón.

La asignación apropiada de título para el sermón demanda una fraseología cuidada y habilidosa. Por lo general requiere mucho esfuerzo de parte del principiante, pero su tiempo y dedicación serán ampliamente compensados por el estímulo del interés por parte de aquellos que lean los títulos de sus sermones allí donde se publiquen.

PRINCIPIOS PARA LA PREPARACIÓN DE TÍTULOS DE SERMONES

1. El título debiera ser pertinente al texto o al mensaje.

Es evidente que el título tiene que tener una conexión definida con el texto o con el discurso. Por ejemplo, si el texto ha sido tomado de Génesis 22:1-18, donde leemos del sacrificio de Isaac por parte de Abraham, el título debería tener una relación concreta con aquel pasaje. Si el pensamiento que vamos a destacar en el sermón es el de obediencia, podemos limitar nuestro título a «El costo de la obediencia». Si, por otra parte, nuestra idea dominante es la de la paternidad de Abraham, podríamos titular el sermón: «Un padre ejemplar.»

2.   El título debería ser interesante.

El título debería ser redactado de manera que suscite la atención o la curiosidad. Debería ser atractivo, no por el uso de la mera novedad, sino porque es de vital interés para las personas.

Para ser interesante, el título debe tener que ver con situaciones y necesidades de la vida. Muchas circunstancias variadas, tanto desde dentro como desde fuera, afectarán la vida corporativa y el pensamiento de la iglesia. Tiempos de bendición espiritual, días de prueba, condiciones de prosperidad o de adversidad, conmociones sociales o políticas, celebraciones y aniversarios, ocasiones de regocijo o de duelo, todo esto, además de los asuntos personales de los miembros individuales de la congregación, afectan a las personas a las que ministra el pastor. El pastor debiera estar al tanto de las necesidades de los suyos al afrontar tales circunstancias de tiempo en tiempo, y bajo la dirección del Señor, sus mensajes debieran ser pertinentes a los tiempos y circunstancias en que se hallan los suyos. Los títulos de los mensajes deben también ser apropiados a sus circunstancias e intereses.

Por ello, debiéramos evitar títulos que no tengan un significado especial para los oyentes. Por ejemplo, un título acerca de 1.º Reyes 17:1-6 como «Elías junto al arroyo de Querit» o «El hambre en la época de Elías» no dirán demasiado a los hombres y mujeres de hoy. En lugar de esto, «Probado para ser enviado» lleva un significado pertinente para cualquier miembro en la congregación que esté pasando por una época de pruebas. Asimismo, el encabezamiento «En las aguas de Meriba», para un sermón acerca de la amargura del pueblo de Dios descrita en Éxodo 15:22-26, no va a suscitar interés, en tanto que un título como «Aguas amargas y almas amargas» creará de inmediato una respuesta en las mentes de aquellos que puedan estar anidando amargura en sus corazones debido a algún golpe adverso en la providencia de Dios.

Cuando las palabras del título se establecen con una pauta aliterada, a menudo llaman la atención por la misma singularidad con que se ponen las palabras en yuxtaposición. La eficacia de tales pautas puede ser vista de inmediato en los siguientes ejemplos de predicadores famosos del pasado y del presente:

> «Piedad y prosperidad», por Alexander Maclaren, basado en 1.º Reyes 4:25-34
>
> «La derrota de la muerte», por A. T. Pierson, basada en 1.ª Corintios 15.
>
> «La reacción de la represalia», por Clarence E. Macartney, basado en Ester 1 — 10
>
> «Consuelo para los cansados», por Charles H. Spurgeon, basado en Mateo 11:28-30

Aquí hay otros ejemplos:

> «De la tristeza al testimonio», basado en Juan 20:10-18
>
> «La plegaria que prevalece», basado en Hechos 12:1-19
>
> «Transformando la oposición en oportunidad», basado en Filipenses 1:12-20
>
> «La suficiencia del Salvador», basado en Hebreos 10:14
>
> «Esperanza viviente en un mundo desesperanzado», basado en 1.ª Pedro 1:3-9

Puede que el principiante precise de algo de tiempo y esfuerzo para dar un título de manera que estimule el interés. Sin embargo, cuando el encabezamiento del sermón es atractivo, y en particular cuando es publicado con anticipación a la predicación del sermón, puede ser el medio de atraer a personas a la iglesia, y de promover un nuevo interés por parte de la congregación.

3. El título debiera estar en armonía con la dignidad del púlpito.

En un esfuerzo por suscitar la atención, algunos predica-dores cometen el error de emplear títulos extravagantes o sensacionalistas. Obsérvense los siguientes ejemplos:

«Snoopy y Mickey Mouse»
«Vino, mujeres y canción»
«Un show estilístico del Antiguo Testamento»
«Los bigotes del gato»
«¿Debieran los maridos pegar a sus mujeres?»
«Los astronautas y el hombre en la Luna»
«El lugar caluroso»
«Hippies y minifaldas»
«El gran afeminado»

Los encabezamientos de sermón de este tipo son, o bien fantasiosos o burdos, de mal gusto, o irreverentes, y totalmente fuera de lugar en la sagrada tarea de ministrar la sagrada Palabra de Dios a los hombres.

A la vez que tratamos de suscitar interés con un título atractivo, debemos siempre mantener la dignidad y reverencia debidas a la Palabra de Dios. No tenemos que esforzarnos tras agudezas, y hemos de evitar a toda costa lo sensacional o lo que esté calculado para suscitar una atención o curiosidad indebidas. Por encima de todo, nunca debiéramos usar un título que roce lo frívolo y lo vulgar.

4. Por lo general, el título debería ser breve.

Un título condensado o compacto es más eficaz que una afirmación larga, siempre que esté redactado de manera poderosa. También es mucho más fácil que lo capte el ojo del lector que una línea de quince o veinte palabras. Por ello, el predicador debiera, normalmente, poner un título corto, pero no abrupto. Sin embargo, no se debiera sacrificar la claridad por la mera brevedad. Un título que consista en una sola palabra resultará, por lo general, demasiado abrupto, y por ello no será eficaz para despertar el interés.

5. El título puede establecerse en forma de afirmación, interrogación o exclamación.

Aunque, por lo general, el título se expresa con pocas palabras, hay ocasiones en que es necesario redactarlo mediante una frase completa, aunque concisa. Esta frase puede ser afirmativa, interrogativa o exclamativa. Hay ocasiones en que el título tendrá mucha más fuerza, si se pone en forma de una pregunta que haga detener al lector. Obsérvese la diferencia entre: «Vale la pena vivir» y «¿Vale la pena vivir?»; y también: «Debiéramos estar del lado del Señor» y «¿Quién está del lado del Señor?»

Mostramos abajo unos ejemplos adicionales.

Interrogativos:
«¿Por qué sufren los piadosos?»
«¿Cuál es el significado de la fe?»

Afirmativo:
«Dios puede solucionar tus problemas»
«Lo que la Biblia dice acerca de la muerte»

Exclamativo:
«¡No para peor, sino para mejor!»
«¡Ganar por perder!»

6. El título puede consistir en una frase seguida de una pregunta.

Véanse los siguientes títulos:

«Angustiada juventud, ¿cuál es nuestra responsabilidad hacia ella?»
«Las perplejidades de la vida, ¿cómo las afrontamos?»

7. **El título puede darse en ocasiones en forma de un sujeto compuesto.**

Véanse los siguientes ejemplos:

«El cristiano y sus amigos»
«El discipulado: Su reto y su costo»
«La señal de los tiempos y la Segunda Venida de Cristo»

8. **El título puede consistir en una breve cita de un texto de las Escrituras.**

Aquí tenemos unas cuantas de estas citas, que pueden usarse como títulos de sermón:

«Prepárate para venir al encuentro con tu Dios»
«¿Quién es mi prójimo?»
«Enséñanos a orar»
«Hágase tu voluntad»
«Vimos allí gigantes»
«Una cosa hago»
«Sabed que vuestro pecado os alcanzará»

Ejemplos de títulos para servicios especiales

Para un servicio de Año Nuevo:
«Nuevos horizontes»
«El umbral de la bendición»
«¿Cómo puede mi vida contar para Dios?»
«Haciendo inventario de nosotros mismos»

Para un servicio de Viernes Santo:
«El significado de la cruz»
«Triste hasta la muerte»
«Un lugar llamado Calvario»
«El precio del amor»
«Azotado por Dios»
«Un sacrificio de valor inestimable»

Para un servicio de Pascua:
«Los triunfos del Cristo resucitado»
«No hay lugar para la duda»
«El poder de la resurrección de Cristo»
«El consuelo del Cristo viviente»
«El conocimiento personal del Señor resucitado»

Para un servicio de Navidad:
«El más grande regalo»
«Cuando Dios se hizo hombre»
«Nacido para morir»
«La sabiduría de los magos»

Para un servicio misionero:
«La orden de marcha de la iglesia»
«La necesidad de las misiones»
«Un hombre enviado por Dios»
«Las más importantes prioridades de la vida»
«Afrontando lo que implica la entrega personal»
«Perspectivas misioneras»
«¿Afiliación o convicción?»
«Altas exigencias para un elevado servicio»

EJERCICIOS

1. Los siguientes títulos de sermón aparecieron en las páginas religiosas de uno de los diarios de Portland (Oregón). Hacer una lista de los números de los que no cumplen las condiciones de un buen título de sermón, y señalar después de cada uno la razón de ello.

(1) «El camino de Dios es simple y poderoso.»
(2) «Avivamiento o apostasía: ¿Qué elegimos?»
(3) «Retorno a la religión vital.»
(4) «Fuerza para hoy.»
(5) «Fuera del campamento.»
(6) «Ven a comer.»

(7) «El Príncipe de Paz predice guerras.»
(8) «Hasta el final.»
(9) «Ilusión y realidad.»
(10) «Y la puerta se cerró.»
(11) «Servir a los ricos.»
(12) «Despejando el camino para Dios.»
(13) «El mensaje del preso de Dios.»
(14) «Jesús es Señor.»
(15) «Del temor a la fe»
(16) «Siete mujeres echarán mano de un hombre.»
(17) «La tragedia de las componendas religiosas.»
(18) «El sueño de Nabucodonosor se cumplirá.»
(19) «¿Ir a la iglesia? ¿Para qué?»
(20) «Mi mayor necesidad.»
(21) «Los carros de José.»
(22) «El hombre y el universo.»

2. La lista que sigue contiene doce títulos, cada uno de ellos basado en un pasaje distinto de las Escrituras. Señalar los que necesitan corrección e indicar cómo podrían quedar mejorados.

(1) «La mentira de Rahab», basado en Josué 2.
(2) «Las bienaventuranzas», basado en Mateo 5:3-12.
(3) «Consejos a un joven», basado en 1.ª Timoteo 4:12-16.
(4) «Visión», basado en Génesis 13:14-17.
(5) «La carga de Pablo por Israel», basado en Romanos 9:1-5.
(6) «Una oración pidiendo amor», basado en Efesios 3:14-19.
(7) «El hombre bienaventurado», basado en el Salmo 1.
(8) «Visión errónea», basado en Números 13:25-33.
(9) «El aguijón de la consciencia», basado en Mateo 14:1-12.
(10) «Respecto a los dones espirituales», basado en 1.ª Corintios 12:1-31.
(11) «Hermandad cristiana», basado en Filemón, vv. 4-21.
(12) «La ciudad cuadrada», basado en Apocalipsis 21:10-27.

3. Preparar un título adecuado para cada uno de los textos siguientes:

(1) «Así que, los que somos fuertes debemos soportar las flaquezas de los débiles, y no agradarnos a nosotros mismos» (Ro. 15:1).

(2) «Y Daniel propuso en su corazón no contaminarse con la porción de la comida del rey, ni con el vino que él bebía» (Dn. 1:8a).

(3) «Me senté donde ellos estaban sentados» (Ez. 3:15).

(4) «Cristo murió por nuestros pecados, conforme a las Escrituras» (1.ª Co. 15:3).

(5) «No ofreceré a Jehová mi Dios holocaustos que no me cuesten nada» (2.º S. 24:24).

(6) «Y anduvo en todo el camino de Asa su padre» (1.º R. 22:43).

(7) «Extiende tu mano» (Lc. 6:10).

(8) «No quitará el bien a los que andan en integridad» (Sal. 84:11).

(9) «Fueron halladas tus palabras, y yo las comí; y tu palabra me fue por gozo y por alegría de mi corazón» (Jer. 15:16a).

(10) «No como lo esperábamos, sino que a sí mismos se dieron primeramente al Señor, y luego a nosotros por la voluntad de Dios (2.º Co. 8:5).

(11) «Y nosotros hemos visto y testificamos que el Padre ha enviado al Hijo, el Salvador del mundo» (1.º Jn. 4:14).

(12) «[Moisés] se sostuvo como viendo al Invisible» (He. 11:27).

Capítulo 6

LA INTRODUCCIÓN

DEFINICIÓN DE LA INTRODUCCIÓN

En la práctica real de la redacción de los sermones, la introducción, como el título, es, por lo general, una de las últimas secciones en ser preparada. La razón de ello es que el redactor del sermón puede pensar mejor en una introducción apropiada al mensaje, y que pueda suscitar y mantener el interés de los oyentes, una vez hayan sido redactados el cuerpo del sermón y sus conclusiones. Pero, aunque, por lo general, la introducción se prepara en las últimas etapas, creemos que es bueno considerarla ahora, y seguir así el orden del formato bosquejado en el capítulo 4.

En su excelente libro *The Theory of Preaching (La teoría de la predicación)*, Austin Phelps señala que hay una diferencia entre los puntos preliminares en general y la introducción propia. En los primeros, se pueden hacer unos comentarios generales que no tengan ninguna relación concreta con el sermón, pero en la introducción, el predicador trata de llevar las mentes de su congregación a tal disposición acerca de lo que va a decir, que queden bien dispuestos a darle oído.

Así, *la introducción es el proceso mediante el que el pre-*

dicador trata de preparar las mentes y de asegurar el interés de sus oyentes en el mensaje que tiene que proclamar.

La introducción es, por ello, una parte vital del sermón, y el éxito de todo el mensaje depende a menudo de la capacidad del ministro de conseguir el apoyo de sus oyentes al inicio del discurso. Será bueno que tenga el máximo cuidado en presentar la introducción de tal manera, que constituya un desafío al interés de la congregación desde el mismo comienzo.

PROPÓSITO DE LA INTRODUCCIÓN

Hay varios propósitos que el predicador puede intentar lograr con la introducción, pero pueden quedar resumidos en dos objetivos básicos.

1. Asegurarse la buena voluntad de los oyentes.

Aunque un ministro puede tener una certeza razonable de que su congregación está favorablemente dispuesta hacia él y su tema, éste puede que no sea siempre el caso. De hecho, en la congregación media es muy probable que haya una o más personas que, por las razones que sean, no sientan simpatía ni por el predicador ni por el mensaje que vaya a presentar. En algunas ocasiones la tensión existente puede deberse a razones superficiales, y puede vencerse sin demasiada dificultad, pero hay ocasiones en que ciertas condiciones desfavorables o resentimientos profundamente arraigados pueden hacer que los oyentes estén mal dispuestos hacia el predicador o hacia el sermón. La introducción debe ser presentada de tal manera que gane la atención favorable de toda la congregación, si ello es posible.

Sin embargo, el factor primario para conseguir la buena voluntad de la congregación es la misma persona del predicador. Es lo que somos lo que determina la aceptabilidad de lo que decimos, y esto nunca es más cierto que cuando el ministro está ante una congregación para dar un mensaje de la Palabra de Dios.

2. Generar interés en el tema.

Además de una falta de simpatía por parte de ciertas personas hacia el tema a ser presentado, otras condiciones pueden militar en contra de una atención necesaria al mensaje. Una de ellas es la preocupación de las mentes de la gente en otras cosas. Los himnos, la oración y la lectura de las Escrituras que anteceden al sermón pueden predisponer a una buena parte de la congregación a una actitud receptiva cuando el predicador inicia su mensaje, pero habrá muchos que, a pesar de la más cuidadosa preparación de las partes del servicio antes del sermón, seguirán preocupados con sus propios gozos o penas, esperanzas o temores, y con sus propios deberes o cuidados. Otro obstáculo a la atención, lo es la indiferencia de algunas personas a la verdad bíblica, de manera que los temas espirituales no les interesan particularmente. Otras condiciones, como pueden serlo un auditorio deficientemente ventilado, o pobremente iluminado, puertas ruidosas, o un edificio frío, contribuyen también a la distracción de la atención.

El propósito de la introducción es generar la atención de los oyentes y retar sus mentes de tal manera, que queden activamente interesados en el tema. W. E. Sangster, ministro del Westminster Hall de Londres y escritor de homilética, dice que, al empezar el predicador a pronunciar su sermón, tiene que estar seguro de que sus frases introductorias tienen «garfios de hierro» para cautivar en el acto las mentes de sus oyentes.

PRINCIPIOS PARA LA PREPARACIÓN DE LA INTRODUCCIÓN

1. Debería ser generalmente breve.

Ya que el objetivo de la predicación es llevar la Palabra de Dios a los hombres, es bueno que pasemos al cuerpo del mensaje tan pronto como podamos. Aunque es cierto que necesitamos pasar gradualmente al tema, tenemos que evitar la tendencia a detenernos en demasía. Debiéramos eliminar todo lo que no es esencial, incluyendo las apologías innecesarias, las anécdotas humorísticas o las felicitaciones recargadas. Hay ocasiones en que pueden ser apropiados los saludos cordiales, particularmente cuando un ministro está ocupando el púlpito como predicador visitante, pero estos saludos no debieran ser extensos.

El siguiente bosquejo, sacado de la historia del hijo pródigo en Lucas 15:11-24, ejemplifica la manera en que la introducción debe pasar rápida y directamente al tema:

Título: *«Perdido y hallado»*

Introducción:

    A. En la Feria Universal de Chicago, a fin de ayudar a los padres que habían extraviado a sus hijos, las autoridades establecieron un departamento de «niños perdidos encontrados».

    B. Lucas 15 es el «Departamento de Perdidos y Hallados» de la Biblia. Aquí Jesús nos habla de tres cosas que se perdieron y se volvieron a encontrar: una oveja, una moneda y un hijo.

    C. La historia del hijo que se perdió y fue vuelto a encontrar, ilustra la historia de un pecador arrepentido que estaba «perdido» y ha sido «hallado».

Tema: Pasos en la historia de un pecador arrepentido

    I. La culpa del pecador (vv. 11-13)
    II. La miseria del pecador (vv. 14-16)
    III. El arrepentimiento del pecador (vv. 17-20*a*)
    IV. La restauración del pecador (vv. 20*b*-24)

2. Debiera ser interesante.

Los primeros minutos del sermón son cruciales. Es en estos momentos que el ministro se ganará o perderá la atención de la congregación. Si sus comentarios iniciales son triviales, aburridos o irrelevantes, probablemente perderá de principio la atención que, de otra manera, habrían podido dispensarle de buena gana sus oyentes. Si, por otra parte, empieza su sermón con lo que es de vital interés para la gente, o que les atrae, se ganará su atención de entrada, y los preparará para el mensaje que les quiere dar. En este punto indudablemente surgirá la pregunta en la mente del lector: ¿Cómo podemos generar interés al empezar un sermón?

Un método de atraer la atención es suscitando curiosidad. Las personas son de suyo curiosas, y esta característica es frecuentemente evidente cuando empieza un sermón. Por ejemplo, el predicador podría empezar su mensaje con la descripción de una conversación que ha tenido con un incrédulo. Podría decir: «Empecé el otro día a hablar con un hombre, y la primera pregunta que me hizo fue: ¿Por qué no me deja la iglesia en paz?» La mención de esta pregunta hecha por el incrédulo suscitará de inmediato la curiosidad de la congregación, para saber cómo el ministro respondió a este hombre, y si pudo darle una respuesta satisfactoria.

Un segundo método de crear interés es el de dar variedad, no empezando el sermón siempre de la misma manera, sino empleando diferentes enfoques de semana en semana. Un sermón puede empezar con una cita adecuada, otro con una estrofa de un himno, un tercero con una afirmación notable, un cuarto con una pregunta, y otro más con un reto acerca de la validez del tema que el predicador va a tratar. En otros sermones podemos referirnos al marco histórico del texto, o a la relación del texto con su contexto.

Otros medios de cautivar la atención son afirmar el título del sermón, o citar el texto. Debiéramos, a continuación, explicar la razón de la elección del título o texto, y pasar a mostrar la relación de uno o ambos con el tema.

Otro método de suscitar el interés es relacionar el sermón con situaciones vitales, comenzando con una alusión a una situación calculada para tocar las vidas y el pensamiento de hombres y mujeres en sus problemas y necesidades diarios. La descripción de un accidente automovilístico en el que alguien se hirió, un niño salvado de ser ahogado después de haber caído en un pozo, un fuego en un hogar, el problema de un joven con su compañero en la escuela, un hombre perdido en el bosque y no hallado nunca, el triunfo de un negociante, un incidente inusual en un desfile local, éstas son historias que, o bien aparecerán en los artículos, o bien los conoceremos mediante nuestros contactos diarios con la gente. Es la utilización de estos aspectos, las experiencias comunes de los hombres, y los acontecimientos actuales, lo que acercará nuestra predicación a las vidas de las personas y dará pertinencia a nuestro mensaje. Sin embargo, no debiéramos contar anécdotas sólo para entretener. Más bien, debiéramos cerciorarnos de que los incidentes provenientes de situaciones vitales pueden quedar entretejidos en el seno del sermón.

Más adelante mostramos dos ejemplos de introducciones de sermón en los que se emplean incidentes de situaciones vitales.

Si hablamos acerca de «cristianos insensibles», podemos anunciar como texto Jonás 1:4-5: «Pero Jehová hizo levantar un gran viento en el mar, y hubo en el mar una tempestad tan grande que se pensó que se partiría la nave. Y los marineros tuvieron miedo, y cada uno clamaba a su dios; y echaron al mar los enseres que había en la nave, para descargarla de ellos. Pero Jonás había bajado al interior de la nave, y se había echado a dormir.» Podemos empezar luego relatando el siguiente incidente sucedido a una niña de cinco años, Carol Lee Morgan, que vive cerca de Astoria, población próxima a la costa de Oregón:

> Carol levantó el auricular, y empezó a hablar a la operadora del teléfono. «Mi mamá está enferma. No me habla.» La voz de la pequeña parecía seria. Presintiendo una

emergencia, la señora Madeline Markham, la operadora, pasó la llamada de inmediato a la supervisora, señora Marjorie Forness. La supervisora preguntó a Carol su nombre completo, pero la niña no podía recordar ni el nombre de su padre, que había muerto, ni el de su madre. La señora Forness leyó los nombres de los nueve Morgan relacionados en el listín de Astoria, y finalmente Carol reconoció el nombre de su madre, «Sra. Roberta Morgan». La señora Forness pidió entonces a Carol si conocía el nombre de alguno de sus vecinos. Después de mucho insistir Carol recordó por fin el nombre de la señora de Bud Koppisch, que vivía al otro lado de la calle. La supervisora llamó a la señora Koppisch, la cual fue rápidamente a la casa de los Morgan. Más tarde, la señora Forness supo que cuando la señora Koppisch llegó a la casa encontró a la señora Morgan en estado casi comatoso, llamando a la ambulancia para que la llevaran de inmediato al hospital. Cuando la señora Morgan se recuperó, expresó su agradecimiento a las operadoras telefónicas que dieron oído a su hijita, y las dos señoras, a su vez, se sintieron felices de haber podido encontrar y enviar ayuda a tiempo.

Todos aplaudimos el comportamiento de la señora Markham y de la señora Forness, las dos operadoras de teléfono, por su presencia de ánimo y sensibilidad ante una necesidad vital, pero, a la vez que reconocemos sus cualidades, haremos bien en preguntarnos a nosotros mismos: «¿Estamos nosotros igual de alerta al serio peligro espiritual en que se encuentran nuestros semejantes, como lo estuvieron estas dos empleadas de la compañía telefónica a la necesidad del hogar de los Morgan?» Mientras que tantos de nuestros semejantes están siendo azotados en los mares tormentosos de la desesperanza, ¿cuántos de nosotros tenemos una verdadera preocupación o consciencia de su necesidad espiritual? ¿Nos parecemos demasiado a Jonás? Aunque él era la única persona en todo el barco que conocía al Dios vivo y verdadero, sin embargo, en el momento de mayor necesidad de los marinos quedó totalmente inconsciente e insensible a la desesperación de los que tenía a su alrededor.

Supongamos que vamos a dar un mensaje devocional acerca de «El Dios en quien podemos confiar». Podemos iniciar la predicación con el siguiente incidente tocante al difunto V. Raymond Edman, que fuera presidente del Wheaton College, en Wheaton, Illinois:

> El doctor Edman describió una conversación que tuvo en una ocasión con el director del supermercado en el que hacía sus compras. Después de que el director hubiera aceptado un talón bancario a la persona que iba delante de él en la cola, el doctor Edman le preguntó si alguna vez había recibido algún cheque sin fondos de algún extraño. El director respondió reflexivamente: «No, debido a que no miro al cheque, sino al hombre. Si puedo confiar en la persona, entonces no tengo duda alguna en aceptar el cheque.» ¡Qué lección para nosotros! Sólo tenemos que mirar a Aquel que nos promete, y entonces no tendremos duda alguna acerca de la validez de Sus promesas.

La referencia a hechos actuales en casi cualquier campo del conocimiento, si se hace de una manera precisa e interesante, puede ser usada eficazmente para conseguir la atención. Notemos este ejemplo en la introducción de un mensaje acerca de la «Comunión con Dios», citado por Emory VanGerpen en el *Sudan Witness*:

> Escondido a las miradas, en un campo de maíz cerca de la ciudad de Kano, Nigeria, se halla un edificio de apariencia ordinaria, rodeado por una valla del tamaño de un bloque de ciudad. El edificio, lleno de todo tipo de equipos electrónicos, es una estación de seguimiento, una de las dieciocho que existen alrededor del mundo, para mantener el contacto con los astronautas en sus órbitas por el espacio. Unos instrumentos electrónicos muy sofisticados miden constantemente el latir de los corazones de los astronautas, la presión de la sangre, la respiración, su temperatura y muchos otros parámetros, mientras sus vehículos atraviesan el espacio. Al mismo tiempo, un gran magnetófono con una cinta de dos centímetros y medio de an-

chura registra todos estos detalles. Cuando la estación or-
bital está en comunicación con un hombre en órbita, se
tiene que tener mucho cuidado de que no haya interferencia alguna desde la tierra, porque la señal de la cápsula es
muy débil. No se permiten automóviles en una milla de
distancia, debido a la posible interferencia creada por sus
generadores. Incluso el radar del aeropuerto de Kano, a
varios kilómetros de distancia, es inactivado.

Y esto es lo que sucede en nuestra comunicación con
Dios. Si vamos a tener una comunión apropiada, sin inte-
rrupciones, con Él, debemos evitar toda interferencia que
provenga del exterior. Así, una vez sentados en silencio
delante del Señor, podremos oírle a Él hablando a nuestro corazón.

**3.   Debiera conducir a la idea dominante o punto principal
del mensaje.**

La introducción debiera apuntar directamente al tema del
sermón. Para conseguir esto, las afirmaciones contenidas en la
introducción debieran consistir en una serie de ideas progresivas que culminaran en un objetivo principal del sermón.
Todas las citas, explicaciones, ilustraciones o incidentes que
se relaten, debieran tener este propósito presente. Se deben
evitar tanto la repetición como las expresiones farragosas, y la
introducción debiera ser hecha tan simple como sea posible,
sin dar la impresión de brusquedad o de urgencia.

Vamos a considerar el bosquejo que sigue, en el que la
introducción consiste en una serie de ideas progresivas que
conducen al tema del sermón:

Título: «*El arma secreta de Dios*»
Texto: Génesis 18:17-33; 19:27-29

Introducción:
A.   El descubrimiento del secreto del átomo y
el poder destructor que los hombres han conseguido por este medio
B.   El poder secreto que Dios ha impartido a

Sus hijos es mayor que el de cualquier bomba nuclear. Las armas nucleares son destructivas, pero el arma secreta que Dios ha puesto en las manos de los creyentes es constructiva, capaz de efectos creativos y de bendición

Tema: Verdades acerca del arma secreta de la oración de intercesión
¿Qué es lo que nos revela el texto en relación con esta arma secreta? De este pasaje podemos aprender tres importantes verdades con respecto al arma secreta de intercesión que Dios ha puesto a disposición de los creyentes

I. Dios busca a hombres que quieran orar por otros (18:17-21)
II. Dios oye las oraciones de aquellos que interceden por otros (18:22-23)
III. Dios da respuesta a las oraciones de aquellos que oran por otros (18:23-32; 19:27-29)

4. Debiera ser expresada en el bosquejo con unas pocas oraciones o frases, estando cada idea sucesiva en una línea distinta.

Se debieran evitar las oraciones largas y complejas. Las expresiones contenidas en la introducción abreviada, aunque sean meramente sugestivas, debieran ser lo suficientemente claras como para poderlas leer de un vistazo. Como ejemplo, damos una introducción para el bosquejo del «Salmo del Contentamiento», sacada del Salmo 23, y que se muestra en el capítulo 3. Para posibilitar que el lector vea cómo la introducción está relacionada con el sermón, reproducimos aquí todo el bosquejo:

Título: *«El salmo del contentamiento»*

Introducción:
A. Los pastores de Idaho, con rebaños de hasta

1.200 ovejas, incapaces de dar una atención
individualizada a las ovejas

B.   Contrastar con el Pastor de este salmo, como
si solamente tuviera una oveja de la que preo-
cuparse

C.   Cada hijo de Dios se reconoce a sí mismo
como la oveja de que habla en este salmo

Tema: La base del contentamiento de la oveja del Señor

  I.   El Pastor de la oveja (v. 1)
       A.   Un Pastor divino (v. 1)
       B.   Un Pastor personal (v. 1)
 II.   La provisión de la oveja (vv. 2-5)
       A.   Reposo (v. 2)
       B.   Conducción (v. 3)
       C.   Consuelo (v. 4)
       D.   Abundancia (v. 5)
III.   La esperanza de la oveja (v. 6)
       A.   Una brillante esperanza para esta vida
            (v. 6)
       B.   Una bienaventurada esperanza para el
            más allá (v. 6)

Capítulo 7

LA PROPOSICIÓN

DEFINICIÓN DE LA PROPOSICIÓN

La proposición es una sencilla declaración del tema que el predicador se propone considerar, desarrollar, demostrar o explicar en el discurso. En otras palabras, es una afirmación de la principal lección espiritual o de la verdad intemporal del sermón, traducida en una frase declarativa.

La proposición, también llamada la tesis, la idea germinal, la idea homilética o la frase temática, es, por tanto, un principio, una norma que gobierna la recta conducta, o un hecho o generalización que es aceptado como cierto y básico. Consiste en una afirmación declarativa clara de una verdad fundamental que persiste a través de todos los tiempos y que es de aplicación universal.

Obsérvense los siguientes ejemplos de principios o de verdades intemporales:

- La meditación diaria de las Escrituras es vital para el cristiano.
- El Señor desea la adoración que surge del corazón.
- La persona que tiene a Dios tiene todo lo que vale la pena poseer.

- Dios usa instrumentos elegidos para suplir las necesidades de otros.
- Nadie puede escapar a las consecuencias de su propio pecado.
- Los que ponen a Dios en primer lugar nunca tendrán necesidad.
- El amor a Cristo debiera hacer que nos olvidáramos de nosotros mismos en el servicio a otros.

La Biblia está llena de materiales de los que se pueden derivar tesis o ideas germinales. Incluso un solo versículo de las Escrituras puede ser una fuente de gran cantidad de principios o verdades que trascienden al tiempo. Tomemos, por ejemplo, Efesios 2:8: «Porque por gracia sois salvos por medio de la fe; y esto no de vosotros, pues es don de Dios.» De este breve texto sacamos los siguientes principios:

- Cada pecador salvo es el resultado del favor inmerecido de parte de Dios.
- Aunque la salvación es un don gratuito, llega a ser nuestro solamente al aceptarlo por la fe.
- La salvación tiene su fuente en la gracia de Dios.
- La fe recibe lo que Dios libremente otorga.
- La provisión que Dios da de la salvación está totalmente fuera del alcance de cualquier acción humana.

LA IMPORTANCIA DE LA PROPOSICIÓN

No se puede insistir demasiado acerca de lo importante que es tener una proposición correcta. De hecho, es el factor más esencial en la organización de un sermón. Hay dos razones principales para ello:

1. La proposición es la base de toda la estructura del sermón.

La proposición es a la organización del sermón lo que los cimientos son a un edificio. Así como no se puede construir una casa de manera adecuada sin un sólido fundamento, de la misma manera no se puede conformar un sermón sin el fundamento adecuado de su estructura lógica. Por ello, cada palabra de la proposición tiene que ser cuidadosamente expresada para poder dar con precisión el principal pensamiento del sermón.

Cuando la proposición es formulada correctamente, posibilita al predicador la organización de su material alrededor de la idea dominante que ha planeado. Se pueden introducir muchos puntos en el sermón, pero todo, desde el principio hasta el fin, tendrá que ver con una sola verdad específica o un principio revelado en la proposición. Al ir siguiendo el predicador esta verdad principal en su mensaje, también le será de ayuda para reconocer aquello que es pertinente al mensaje, así como aquello que debiera ser excluido del sermón. Pero cuando no se formula la proposición de una manera correcta, toda la estructura lógica queda por ello mismo debilitada o desorganizada.

2. La proposición indica claramente a la congregación el curso del sermón.

Una proposición correcta no es solamente beneficiosa para el predicador, sino también para la congregación. Casi instintivamente, los oyentes van a preguntarse, al iniciar el ministro su sermón: «¿Qué es lo que va a decir acerca de este tema?» Si el mensaje carece de un objetivo claramente expresado, no puede ser seguido con facilidad, y con frecuencia provocará la falta de atención por parte de la audiencia. Por otra parte, si ya de entrada el predicador puede clarificar perfectamente qué dirección se ha propuesto tomar, posibilitará a sus oyentes que sigan su mensaje de manera inteligente y con facilidad.

Nótense los bosquejos en la última parte de este capítulo, así como en los sucesivos capítulos, y obsérvese cómo en cada caso la tesis establece el terreno para el entendimiento del pasaje que sigue a ella.

EL PROCESO DE DESARROLLAR
LA PROPOSICIÓN

La creación de la proposición es una de las tareas más fatigosas para el principiante. Pero, debido a la gran importancia de afirmar de una manera apropiada la oración temática, es imperativo que el predicador aprenda a hacerlo con precisión.

Hay ocasiones en que la idea germinal puede destellar en la mente del predicador en los primeros momentos de la preparación de su sermón, pero, como norma general, el descubrimiento de la verdad principal de un pasaje y la formulación de la proposición, son el resultado del seguimiento de los siguientes pasos en la construcción del sermón.

1.   Un estudio exegético completo del pasaje.

Ya hemos señalado en los capítulos 2 y 3 que es indispensable un cuidadoso estudio del texto para comprender su sentido propio. En otras palabras, es un requisito previo la cuidadosa exégesis del pasaje para una exposición exacta y fiel de cualquier pasaje de la Palabra de Dios.

2.   Afirmación de la idea exegética del pasaje.

Después de haber finalizado el trabajo de exégesis, el paso que sigue es el de descubrir la idea principal del pasaje. En nuestros anteriores capítulos hemos tratado de evitar, a propósito, referirnos a la proposición, y nos hemos limitado a términos como el de tema, idea dominante, o asunto, en relación con la construcción de un bosquejo de sermón.

En un reciente tratado de homilética *(Biblical Preaching)*, Haddon W. Robinson amplía la idea de lo que hemos llamado anteriormente el tema o asunto. Habla de ello como de la «idea exegética». El concepto exegético consiste en dos partes: un sujeto y uno o más complementos. El sujeto es aquello de lo que se va a hablar, en tanto que el complemento consiste en aquello que uno va a decir acerca del sujeto. La idea exegética combina, entonces, el sujeto y el complemento o complementos en una sola oración inclusiva.

Cada unidad de las Escrituras contiene un sujeto y, al menos, un complemento. La tarea del predicador es descubrir primero el sujeto, y hallar después qué es lo que el texto dice acerca de él. A no ser que el estudiante pueda llegar a esto, es posible que sólo consiga tener una vaga idea del contenido del pasaje, y que no pueda llegar a exponerlo con claridad sus oyentes.

La aplicación de las familiares palabras interrogativas *quién, qué, por qué, cómo, cuándo* y *dónde* al contenido del pasaje, será frecuentemente una gran ayuda para que el predicador pueda descubrir el sujeto.

Habrá ocasiones en que el parafrasear toda la unidad expositiva nos será de ayuda para descubrir tanto el sujeto como el complemento. En otras ocasiones, la ejecución del despiece mecánico de un pasaje nos facilitará el análisis de su contenido, al exhibir la relación de las cláusulas dependientes e independientes entre sí (véase el ejemplo en el cap. 3), y dará atisbos acerca del tema del texto.

Consideraremos a continuación cuatro pasajes sobre los que nos proponemos formular ideas exegéticas. No entra en el propósito de este libro hacer el trabajo exegético de estos textos. Por ello, nos veremos obligados a suponer que se ha llevado a cabo este necesario estudio.

Nuestro primer ejemplo lo tomamos de Marcos 16:1-4.

«Cuando pasó el día del reposo, María Magdalena, María la madre de Jacobo, y Salomé, compraron especias aromáticas para ir a ungirle. Y muy de mañana, el primer día de la semana, vinieron al sepulcro, ya salido el sol. Pero decían entre sí: "¿Quién nos removerá la piedra de la entrada del sepulcro?" Mas cuando miraron, vieron removida la piedra, que era muy grande.»

En nuestra búsqueda del sujeto, nos preguntamos: «¿De qué trata este pasaje, o acerca de quién? ¿Se centra en las especias, o en la piedra, o tiene algo que ver con el problema que las mujeres mencionaban?» La consideración del pasaje pronto nos indicará que la principal idea gira alrededor de las mujeres, pero nos preguntamos: «¿Qué mujeres?», o «¿Quiénes eran estas mujeres?» Una reflexión adicional indicará que el elemento esencial de la narración es: «Las mujeres que fueron a la tumba a ungir el cuerpo de Jesús.» Así, tenemos el tema o sujeto del texto.

Ahora debemos buscar el complemento. En otras palabras, necesitamos descubrir qué es lo que el pasaje dice acerca de las mujeres. Pronto reunimos varios hechos, como los nombres de las mujeres, el día que fueron al sepulcro, las especias que llevaron consigo, la hora del día en que fueron, la conversación que sostenían entre ellas, el problema que trataban, y la manera en que se vio finalmente resuelto. Hay aquí demasiados hechos para relacionarlos en una oración inclusiva y, por ello, los recapitulamos en dos complementos: Primero: «Estaban preocupadas a causa de la piedra, demasiado grande para que ellas pudieran sacarla de delante de la tumba», y segundo: «Descubrieron después que la piedra había sido removida antes de que llegaran a la tumba.»

Nuestra siguiente tarea es expresar la idea básica del mensaje, esto es, el sujeto y el complemento, en una sola frase completa. Así, expresamos la idea exegética en la siguiente frase inclusiva: «Las mujeres que fueron a la tumba vacía a ungir el cuerpo de Jesús estaban preocupadas a causa de un problema demasiado grande para ellas, pero que quedó resuelto antes de que tuvieran que afrontarlo.»

Para nuestro segundo ejemplo usaremos Gálatas 3:13:

«Cristo nos redimió de la maldición de la ley, hecho por nosotros maldición (porque está escrito: "Maldito todo el que es colgado en un madero").»

Si damos una atención especial a este texto, veremos que el sujeto, o lo que es el mensaje del texto, es nuestra redención de la maldición de la ley. El complemento, o lo que Gálatas 3:13 nos dice acerca de nuestra redención de la maldición de la ley, es que ésta fue llevada a cabo por Cristo, llevando Él la maldición nuestra al colgar de un madero. Al unir el sujeto y el complemento, la idea exegética podría ser expresada así: «Nuestra redención de la maldición de la ley fue consumada por Cristo, llevando Él nuestra maldición.»

Nuestro tercer ejemplo viene de Lucas 15:1-2:

> «Se acercaban a Jesús todos los publicanos y pecadores para oírle, y los fariseos y los escribas murmuraban, diciendo: "Éste a los pecadores recibe, y con ellos come."»

Al considerar estos versículos con cuidado vemos que el sujeto es la queja de los fariseos y de los escribas contra Jesús. El complemento es lo que el texto nos dice acerca de su queja, esto es, que Jesús daba la bienvenida a los pecadores y tenía trato con ellos. Ahora combinamos el sujeto y el complemento en esta idea exegética: «Los fariseos y los escribas se quejaban de que Jesús daba la bienvenida a los pecadores, y tenía trato con ellos.»

Para nuestro ejemplo final consideremos Filipenses 1:9-11:

> «Y esto pido en oración, que vuestro amor abunde aún más y más en ciencia y en todo conocimiento, para que aprobéis lo mejor, a fin de que seáis sinceros e irreprensibles para el día de Cristo, llenos de frutos de justicia que son por medio de Jesucristo, para gloria y alabanza de Dios.»

¿Cuál es el sujeto de estos versículos? ¿De qué se tratan? No es difícil ver que son una oración que Pablo pronunció en favor de los creyentes en Filipos. En cuanto al complemento o complementos, ¿qué es lo que nos revela el texto acerca de la oración, o qué petición o peticiones hace Pablo para los cristianos por los cuales ora? El versículo 9 revela claramente que el apóstol pide que el amor de los creyentes aumente más y más; los versículos 10 y 11 indican que, como resultado de un mayor amor, estos santos del Nuevo Testamento llegarían a poseer un discernimiento espiritual y unas gracias específicas del carácter cristiano que redundarían en la gloria de Dios. Por tanto, el tema es la oración de Pablo por los creyentes en Filipos, y relacionamos dos complementos: «Consistía en la petición de un aumento del amor de ellos, y tenía como doble objetivo la posesión por parte de estos cristianos de un discernimiento espiritual y de las gracias del carácter cristiano, que darían gloria a Dios.»

El sujeto y los complementos que hemos descubierto evocan, de esta manera, el siguiente concepto exegético: «Pablo oraba que los santos en Filipos crecieran tanto en amor, que llegaran a poseer tal discernimiento espiritual y tales características de la personalidad cristiana, que dieran con ello gloria a Dios.»

Algunas porciones de la Palabra son mucho más complejas que las que acabamos de considerar, especialmente ciertas secciones en los escritos de los profetas y en las epístolas. La capacidad de distinguir el sujeto y complemento o complementos en tales casos, demandará un examen especial del texto, siguiendo los principios de la exégesis.

3. El descubrimiento de la verdad principal que el pasaje parece comunicar.

La verdad exegética difiere generalmente de la proposición o idea homilética, en que la primera es una afirmación en una sola frase de lo que el texto dice en realidad, en tanto que la última consiste en una verdad espiritual principal, o principio permanente, que el pasaje quiere comunicar.

Hay algunos casos en que la idea exegética y la verdad intemporal, o tesis, se pueden corresponder exactamente entre sí. Por ejemplo, la afirmación en Gálatas 6:7: «lo que el hombre sembrare, esto también segará» es tanto una declaración del contenido de Gálatas 6:7-8, como un principio universal que tiene que ver con las personas en todas partes.

Sin embargo, cuando la idea exegética no consiste en una

verdad fundamental, el hombre de Dios tiene que preguntarse: «¿Qué me dice este texto a mí?» o «¿Cuál es la verdad vital e intemporal que el pasaje quiere enseñar?»

Es en este punto que el exegeta se da cuenta a menudo de cuán totalmente depende del Espíritu de Dios para que le ilumine en cuanto a la lección espiritual particular que el Señor quiere que presente a Su pueblo con respecto al texto sagrado. Es también en esta coyuntura, que la idea exegética provee el peldaño necesario para llegar a la afirmación de la proposición u oración del sujeto.

Ilustraremos esto con la primera idea exegética que formulamos anteriormente en este capítulo, basada en el relato de Marcos 16:1-4, acerca de las mujeres que se proponían ungir el cuerpo de Jesús. La idea exegética era: «Las mujeres que fueron a la tumba vacía a ungir el cuerpo de Jesús estaban preocupadas a causa de un problema demasiado grande para ellas, pero que quedó resuelto antes de que tuvieran que afrontarlo.»

De esta idea exegética somos llevados a la siguiente tesis o principio: «El pueblo del Señor se encuentra a veces ante problemas que son demasiado grandes para él.» Naturalmente, podríamos conseguir muchas otras verdades intemporales de nuestra idea exegética. Veamos dos más: «A veces nos preocupamos innecesariamente por problemas que ni existen», y «Dios es mayor que cualquiera de los problemas que afrontamos».

Señalemos unos cuantos ejemplos de ideas exegéticas derivadas de algunos de los pasajes que hemos considerado en capítulos anteriores, y observemos cómo nos llevan a expresar la proposición.

La primera la obtenemos de Esdras 7:10: «Esdras dispuso su corazón para ser un hombre a quien Dios pudiera usar en Israel.» La verdad intemporal podría expresarse así: «Dios usa a aquel que pone lo primero en primer lugar.»

La segunda se basa en Juan 3:16: «Debido a Su amor hacia el mundo, Dios dio a Su único Hijo a fin de que los hombres puedan ser salvos por la fe en Él.» De esta afirma-

ción se deriva una verdad intemporal como ésta: «El don de
Dios de Su Hijo es el único medio para la salvación de los
hombres.»

Tomemos otro ejemplo de Efesios 6:10-18: «El creyente
está involucrado en una guerra espiritual en la que se le dan
instrucciones y provisión para que llegue a ser un soldado victorioso.» Y la idea homilética sigue de esta manera: «En la
guerra espiritual en la que se halla involucrado, el cristiano
puede contar con la victoria.»

Como ejemplo final, establecemos la idea exegética que
hemos sacado de una exégesis del Salmo 23:1-6: «Las bases
del contentamiento de la oveja del Señor residen en quién es
su Pastor y qué es lo que su Pastor hace por ella, así como
qué es lo que tiene su Pastor reservado para su futuro.» Este
concepto exegético lleva a la proposición: «Cada persona que
puede reclamar al Señor como suyo, tiene una base adecuada
de contentamiento.»

4. Expresión de la proposición en forma de una oración su-
cinta y enérgica.

Al cristalizar la proposición en el pensamiento del predicador, puede que le sea necesario reescribirla para expresarla
de una manera sucinta y poderosa. Al mismo tiempo, tiene
que cerciorarse de que su proposición expresa fielmente el
concepto del pasaje de las Escrituras.

La proposición puede también exigir que el predicador
vuelva a disponer todo su plan de sermón, o que lo recons-
truya, para desarrollar adecuadamente este principio vital ante
su congregación.

Volviendo a mirar nuestra proposición acerca del Salmo
23, podríamos revisarla para que quedara en la siguiente simple afirmación: «El contentamiento es la feliz prerrogativa de
cada hijo de Dios.»

PRINCIPIOS PARA LA FORMULACIÓN DE LA PROPOSICIÓN

1. La proposición debiera ser una afirmación expresiva de la idea principal o esencial del sermón en una oración completa.

Como hemos visto, la proposición es una afirmación de la principal verdad que el predicador se propone exponer en su sermón; cuando se formula correctamente promueve la unidad orgánica de la estructura lógica del sermón. Si se introduce más de una idea significativa en el sermón, la unidad de la estructura entera queda destruida de inmediato. Como ejemplo de una afirmación con dos ideas podemos ver ésta: «Las Escrituras nos enseñan cómo vivir vidas piadosas y cómo ser fieles siervos de Cristo.» Aquí tenemos dos proposiciones, lo que hace imposible mantener una corriente singular de pensamiento en el sermón.

Sin embargo, a fin de que la idea esencial del sermón quede expresada como un pensamiento completo, tiene que ser establecida en forma de una oración entera. Esto es, la afirmación debiera consistir en dos partes principales: un sujeto, o sea, aquello acerca de lo que vamos a hablar; y un predicado, o sea, aquello que vamos a decir acerca del sujeto. Por ejemplo, podemos seleccionar la segunda venida de Cristo como el tema del que vamos a hablar. Si fuéramos a mencionar solamente el sujeto, tendríamos una idea incompleta, por cuanto no aparece lo que se va a decir acerca de ello. Así, necesitamos un predicado, el cual siempre incluye un verbo, para expresar de una manera precisa qué es lo que deseamos decir acerca del sujeto. Por ello, añadimos a nuestro sujeto la frase «es la esperanza de los creyentes sufrientes». Al poner juntos el sujeto y el predicado tenemos una idea completa expresada en forma de una oración completa: «La segunda venida de Cristo es la esperanza de los creyentes sufrientes.»

2. La proposición debiera ser una oración declarativa.

Esto significa que la tesis o el sujeto debe ser una afirmación explícita y positiva, no negativa. Afirmaciones como «Honramos al Señor cuando le alabamos por Sus beneficios» son afirmaciones declarativas. Por otra parte, si decimos: «No honramos al Señor cuando nos quejamos de nuestras circunstancias», estamos haciendo una declaración negativa.

Notar el bosquejo que sigue, observando cómo la tesis o proposición es expresada en forma de una oración declarativa.

> Título: «*La vida de dependencia*»
> Proposición:
>   La vida cristiana es una vida de constante dependencia
>
>   I.   Dependemos de Cristo para la salvación (Tito 3:5)
>   II. Dependemos de la Palabra de Dios para nuestro crecimiento espiritual (1.ª P. 2:2)
>   III. Dependemos de la oración para el poder espiritual (Stg. 5:16)
>   IV. Dependemos de la comunión para el mutuo aliento (1.ª Jn. 1:3)

3. La proposición debería ser una verdad intemporal, generalmente dada en tiempo presente.

La proposición es un principio o una verdad que siempre conserva su validez y que es de alcance universal como norma de vida y conducta. Por ello, tiene que estar necesariamente acorde con las Escrituras; al mismo tiempo, debería presentarse, por lo general, en tiempo presente.

Pero hemos indicado bajo la primera regla, una verdad no puede quedar expresada de una manera plena con una mera frase o fragmento de una oración. Tiene que ser presentada en una oración completa, con un sujeto y un predicado. Por ejemplo, una expresión como: «La necesidad del pueblo de

Dios en época de prueba» no es una afirmación declarativa, y no contiene una verdad. Es un mero fragmento de una oración, y si el predicador fuera a usarlo como proposición, sólo conduciría a la ambigüedad y a la insustancialidad en el desarrollo del sermón. Por otra parte, si decimos: «El pueblo de Dios siempre puede esperar en Él en una época de pruebas», tenemos con ello una declaración que es cierta en todo tiempo, y que es de aplicación universal.

Debiera ser también evidente que un mandamiento no es un principio, y que, por ello, no es expresivo de una verdad intemporal. Un mandamiento no es una oración declarativa. Así, pues, sería incorrecto expresar la proposición de esta manera: Sed diligentes en vuestra tarea.

Además, una verdad intemporal no incluirá ningún tipo de referencias geográficas ni históricas, ni usará nombres propios, a excepción del de Dios. Así, sería incorrecto decir: «Así como el Señor llamó a Amós de Tecoa, en la tierra de Judá, para que predicara en el Reino del Norte, así Él llama a algunos hoy para que vayan a otras tierras a servirle.» En lugar de ello, podríamos decir: «En Su soberanía, el Señor llama a los creyentes a que le sirvan en cualquier lugar que a Él le plazca.»

4. La proposición debiera ser afirmada de una manera sencilla y clara.

No debiera haber nunca ninguna vaguedad ni ambigüedad en la expresión de la oración del sujeto. Por ejemplo, si fuéramos a expresar como proposición la frase: «el trabajo de compensaciones», la congregación podría empezar a hacerse esta pregunta: «¿El trabajo de quién da compensaciones?», «¿Cuándo da compensaciones el trabajo?», «¿Qué tipo de trabajo da compensaciones?», o «¿Qué tipo de compensaciones recibe uno por su trabajo?»

Pero aunque es necesario que la idea homilética sea expresada claramente, no es preciso emplear un lenguaje elegante o impresionante.

Más bien, el lenguaje debiera ser tan sencilla y claro, que su sentido fuera de inmediato inteligible a los oyentes. Por ejemplo, si tenemos el propósito de hablar acerca del testimonio cristiano, podemos expresar la proposición de esta manera: «Un cristiano radiante es un testigo eficaz para Cristo.»

5. La proposición debiera ser expresión de una verdad vital.

Cuando un predicador proclama un mensaje de las Escrituras, está tratando con elementos humanos tan esenciales como el temor, la culpa, la frustración, el dolor, el desengaño, la pena, el amor, el gozo, el perdón, la paz, la gracia y la esperanza, así como con una hueste de otras emociones y aspiraciones. Por todo ello, la tesis, que es el núcleo mismo del sermón, tiene que ser expresada con una terminología significativa para las vidas de las personas.

Bajo estas circunstancias, las meras trivialidades no tienen lugar en la tesis. Por ejemplo, frases como: «los peces pueden nadar contra la corriente», o «las personas tienen diferentes gustos», carecen de cualquier significado concreto; aunque puedan ser universalmente verdaderas no tienen nada que ver en concreto con los temas vitales de la vida.

Por ello, el ministro tiene que esforzarse en expresar su oración-sujeto en la forma de lo que se denomina correctamente una idea germinal, un concepto que expresa algo vital o importante. En otras palabras, debiera ser una oración llena de significado para sus oyentes.

6. La proposición debiera ser específica.

La verdad intemporal que debe ser expresada en la proposición ha de quedar limitada a un concepto específico. Si la idea germinal es expresada en unos términos demasiado generales, carecerá de vigor, y no constituirá un desafío al interés del oyente. Las siguientes declaraciones pertenecen a esta categoría:

La oración es de gran valor.
Los padres deben disciplinar a sus hijos.
Debiéramos estudiar la Palabra de Dios.
Cristo ama a los perdidos.

Contrastamos lo anterior con las siguientes declaraciones, observando que, en cada caso, tenemos una afirmación que, por su limitación en el propósito, se hace clara y enérgica:

Un cristiano que ora ejerce una poderosa influencia.
Los padres tiene que ejercitar sabiduría en el ejercicio de la disciplina sobre sus hijos.
El estudio de la Palabra de Dios produce grandes beneficios.
El amor de Cristo llega a cada pecador individual.

7. La proposición debiera ser afirmada de una manera tan concisa como sea posible, y que a la vez sea clara.

Una tesis eficaz tiene que ser afirmada con la mayor brevedad posible, siempre que no se sacrifique la claridad a la brevedad. Así, en la formulación de la proposición, es necesario evitar afirmaciones largas y complicadas. En otras palabras, la proposición debería estar constituida por una sola oración vigorosa. Una buena regla general es limitarla a diecisiete palabras como máximo. La utilización de un mayor número de palabras reducirá su eficacia. Nótese lo concisa que es la tesis que sigue a continuación:

Título: «*Vida triunfante*»
Texto: Filipenses 1:12-21

Proposición:
Los cristianos pueden ser gloriosamente victoriosos en Cristo

I. Frente a la adversidad, como Pablo (vv. 12-14)

II.   Frente a la oposición, como Pablo (vv. 15-
19)
III. Frente a la muerte, como Pablo (vv. 20-21)

Se debe hacer observar que la tesis no es una declaración formal de las divisiones principales. El propósito de la proposición no es el de revelar el plan del discurso, sino explicar en términos simples la idea principal del sermón en forma de verdad intemporal. Cada división del sermón es, después, un desarrollo de esta oración-sujeto y refleja algún aspecto de ella. Por ello, usando el bosquejo que hemos dado, sería incorrecto decir en la proposición: Los cristianos pueden ser gloriosamente victoriosos frente a la adversidad, oposición y muerte.

LA FORMA DE RELACIONAR LA PROPOSICIÓN CON LAS DIVISIONES PRINCIPALES

La proposición está generalmente relacionada con el bosquejo del sermón mediante una pregunta, seguida de una oración de transición.

Por lo general, se usa cualquiera de los siguientes cinco adverbios interrogativos para conectar la proposición con los principales puntos del discurso. Estos adverbios son: *por qué, cómo, qué, cuándo* y *dónde*. Por ejemplo, en el bosquejo sobre «La vida de dependencia» que se ha visto con anterioridad en este capítulo, la proposición dice: «La vida cristiana es una vida de constante dependencia.» Esta proposición debiera ir seguida por la pregunta: «¿Por qué es la vida cristiana una vida de constante dependencia?»

La oración interrogativa conduce a la oración de transición, que liga la proposición y los puntos principales del sermón en una unidad, y que da una transición suave de la proposición a las principales divisiones. Al mismo tiempo, las frases interrogativas y transicionales indican cómo va a ser desarrollada, explicada o expuesta la idea homilética en el cuerpo del sermón. Nótense en este capítulo los ejemplos de proposiciones que van seguidas de oraciones interrogativas y de transición, y obsérvese como, en cada caso, la pregunta que sigue a la proposición, y la oración transicional que sigue a la oración interrogativa, indican claramente cómo el sermón desarrollará la proposición.

La oración de transición contiene siempre una palabra clave que clasifica o delinea el carácter de los principios encabezamientos del bosquejo. Usando el mismo ejemplo de «La vida de dependencia», podemos expresar la oración de transición de la siguiente manera: «Hay varias razones por las que se puede decir que la vida cristiana es una vida de constante dependencia.» Evidentemente, la palabra *razones* relaciona la proposición con los principales puntos del discurso, en el que cada división principal expresará una de las razones por las que se dice que la vida cristiana es una vida de dependencia constante.

A fin de que el estudiante pueda comprender estas instrucciones de una manera clara, repetiremos el bosquejo de «La vida de dependencia», con la idea homilética, pregunta y oración de transición en su orden apropiado:

Título: *«La vida de dependencia»*

Proposición:
        La vida cristiana es una vida de constante dependencia
Oración interrogativa:
        ¿Por qué es la vida cristiana una vida de dependencia constante?
Oración de transición:
        Hay varias razones por las que se puede decir que la vida cristiana es una vida de constante dependencia

        I. Dependemos de Cristo para la salvación (Tit. 3:5)
        II. Dependemos de la Palabra de Dios para

nuestro crecimiento espiritual (1.ª P. 2:2)

III. Dependemos de la oración para obtener el poder espiritual (Stg. 5:16)

IV. Dependemos de la comunión para el mutuo aliento (1.ª Jn. 1:3)

La palabra clave es un útil instrumento homilético que posibilita el caracterizar o clasificar, dentro de la oración de transición, las principales divisiones del bosquejo. Naturalmente, es preciso que exista una unidad estructural en el bosquejo. Sin una unidad estructural no puede haber una palabra clave que relacione la oración de transición con cada una de las divisiones principales, y a éstas entre sí. Por ello, una buena prueba de la unidad estructural en un bosquejo es el ver si se puede aplicar la misma palabra clave a cada una de las divisiones principales.

En el capítulo 3 vimos el siguiente bosquejo expositivo de Lucas 15:25-32:

Título: *«El fariseo: Ayer y hoy»*

Tema: Características de fariseísmo aparentes en el carácter del hermano mayor

I. Tenía pretensiones de justicia propia (vv. 29-30)

II. Era un hombre carente de amor (vv. 28-30)

III. Buscaba los fallos de los demás (vv. 25-30)

IV. Era un hombre terco (vv. 28-32)

Ahora formulamos la proposición, la oración interrogativa y la oración de transición, de la manera que sigue:

Proposición:
El Señor detesta el espíritu de fariseísmo

Oración interrogativa:
¿Cuáles son algunos rasgos de este espíritu que Él detesta?

Oración de transición:
Los rasgos del hermano mayor, tal como se presentan en la descripción de su carácter, manifiestan el espíritu del fariseísmo que detesta el Señor

La palabra «rasgos» es, entonces, la palabra clave en la oración de transición.

Cambiemos a propósito la última división principal para destruir la unidad estructural del bosquejo:

I. Tenía pretensiones de justicia propia (vv. 29-30)
II. Era un hombre carente de amor (vv. 28-30)
III. Buscaba los fallos de los demás (vv. 25-30)
IV. El padre estaba preocupado por la actitud del hermano mayor (vv. 28-32)

Ahora resulta imposible relacionar la oración de transición de una manera adecuada con este bosquejo, debido a que la palabra clave «rasgos» ya no puede aplicarse a todas las divisiones principales.

A fin de que el estudiante pueda comprender más claramente la relación de la tesis con la oración de transición, mostramos más adelante tres bosquejos para los que damos la oración-sujeto, la oración interrogativa, la oración de transición y la palabra clave.

Título: *«Redimiendo oportunidades»*

Proposición:
> Un cristiano atento descubre que con frecuencia surgen oportunidades inopinadas para alcanzar a los perdidos

Oración interrogativa:
> ¿Cuándo es probable que ocurran tales circunstancias?

Oración de transición:
> Estas circunstancias pueden surgir en ocasiones especiales en las vidas de las personas

Palabra clave:
> Ocasiones

I. Cuando llega el dolor
II. En una época de peligro que amenace a la persona
III. En una época de enfermedad

Título: *«Un ministerio ejemplar»*
Texto: 1.ª Tesalonicenses 2:1-12

Proposición:
   El siervo de Dios tiene un modelo ejemplar para su ministerio
Oración interrogativa:
   ¿Cuáles son las características de este modelo para el ministerio?
Oración de transición:
   Según 1.ª Tesalonicenses 2:1-12, el ministerio de Pablo da ejemplo de cuatro características que debieran aparecer en el ministerio del siervo de Dios en el día de hoy
Palabra clave:
   Características

   I.   Debiera llevarse a cabo con santo denuedo (vv. 1-2)
   II. Debiera llevarse a cabo con fidelidad a Dios (vv. 3-6)
   III. Debiera llevarse a cabo con tierna consideración (vv. 7-9)
   IV. Debiera llevarse a cabo con integridad (vv. 10-12)

Título: *«La mente de Cristo»*
Texto: Filipenses 2:5-8

Proposición:
   Un cristiano semejante a Cristo es aquel que posee la mente de Cristo
Oración interrogativa:
   ¿Qué aspectos de la semejanza a Cristo están implicados en tener la mente de Cristo?
Oración de transición:
   En Filipenses 2:5-8 hallamos que hay dos aspectos de la semejanza a Cristo implicados en poseer la mente de Cristo
Palabra clave:
   Aspectos

I. Abnegación semejante a la de Cristo (vv. 6-7)
II. Autohumillación semejante a la de Cristo (v. 8)

PALABRAS CLAVE APROPIADAS

Es de especial importancia que haya una transición suave de la idea homilética a la estructura lógica del sermón. Una transición brusca o errónea puede resultar engañosa y restar eficacia al discurso. Debido a que la palabra clave es una parte vital de la oración de transición es también necesario que se tenga mucho cuidado en la elección de la palabra clave correcta. La palabra «cosas» es un término demasiado general para emplearlo como palabra clave. En lugar de esto, el estudiante debiera proponerse el uso de la palabra específica que caracteriza con rigor las divisiones principales.

Para ayudar al predicador en el descubrimiento de la palabra clave apropiada, relacionamos algunas de las palabras clave que se usan comúnmente en oraciones de transición.

Acciones	Causas	Ejemplos
Acontecimientos	Claves	Elementos
Actitudes	Comentarios	Enfoques
Advertencias	Compromisos	Enseñanzas
Afirmaciones	Creencias	Esperanzas
Amonestaciones	Criterios	Estimaciones
Aplicaciones	Cualidades	Evidencias
Argumentos	Cuestiones	Expresiones
Artículos	Daños	Fallos
Artimañas	Declaraciones	Fuentes
Aspectos	Deducciones	Factores
Asuntos	Deseos	Funciones
Atributos	Diferencias	Ganancias
Bendiciones	Dificultades	Garantías
Beneficios	Distinciones	Gozos
Calificaciones	Doctrinas	Grupos
Cargas	Efectos	Hábitos

Hechos	Nombres	Puntos
Ideales	Observaciones	Rasgos
Ideas	Obstáculos	Razones
Ilustraciones	Ocasiones	Reivindicaciones
Juicios	Palabras	Respuestas
Lecciones	Paradojas	Rutas
Leyes	Partes	Salvaguardas
Límites	Pasos	Secretos
Listas	Pecados	Sugerencias
Mandatos	Peligros	Temas
Manifestaciones	Pensamientos	Tendencias
Marcas	Pérdidas	Tipos
Medidas	Períodos	Usos
Medios	Posturas	Valores
Metas	Prácticas	Ventajas
Métodos	Problemas	Verdades
Motivos	Proposiciones	Vicios
Necesidades	Pruebas	Virtudes

FORMAS ALTERNATIVAS DE LA PROPOSICIÓN

Para evitar la monotonía en la presentación de la proposición, algunas autoridades en homilética permiten que se use una forma interrogativa, exhortativa o exclamatoria en lugar de la verdad intemporal.

Para la forma interrogativa, el orador simplemente omite la afirmación de la verdad intemporal, y usa en su lugar la frase interrogativa. Así, si usamos el bosquejo mostrado anteriormente, «La vida de dependencia», la idea dominante del sermón podría ser dada con la interrogación «¿Por qué es la vida cristiana una vida de dependencia constante?»

En la forma exhortativa el predicador tiene como objetivo alentar o exhortar a su congregación para que adopte un cierto curso de acción. Observemos cómo se usa la forma exhortativa en el siguiente bosquejo:

Título: «*El estudiante más sabio*»

Forma alternativa:
Estudiemos diligentemente la Palabra de Dios

    I. A fin de que crezcamos en la vida cristiana (1.ª P. 2:2)
    II. A fin de que seamos obreros aprobados por Dios (2.ª Ti. 2:15)
    III. De manera que resultemos totalmente aptos para el servicio cristiano (2.ª Ti. 3:16-17)
    IV. De manera que podamos ser transformados a la semejanza de Cristo (2.ª Co. 3:18)

El tipo exclamatorio es la forma que usa el predicador cuando desea dar un especial énfasis a su tema. Por ejemplo, cuando desee destacar las bendiciones que el creyente posee en Cristo, tal como está revelada en Efesios 1:3-14, puede usar una exclamación como la que se muestra en el bosquejo que aparece a continuación:

Título: «*Supremamente bendecidos*»

Forma alternativa:
¡Cuán maravillosas son las bendiciones que tenemos en Cristo!

    I. Somos escogidos en Él (v. 4)
    II. Somos redimidos en Él (v. 7)
    III. Somos hechos herederos juntamente en Él (v. 11)
    IV. Somos sellados en Él (v. 13)

Unos pocos escritores de sermones enseñan que, en ocasiones, una afirmación claramente definida del objetivo del discurso puede constituir una alternativa adecuada a una proposición. De hecho, muchos predicadores pueden comunicar eficazmente la verdad, desarrollando un bosquejo alrededor de un pensamiento o tema central, como foco del sermón sin ayuda de una proposición claramente definida. Si en un sermón de este tipo se sacan unas pocas verdades intemporales de un pasaje y se incluyen en el discurso, especialmente al final del mensaje, ello posibilita a la congregación el ver cómo el texto bíblico tiene pertinencia para el mundo en el que viven a diario. Léase Nehemías 1:1 a 2:8 y nótese el siguiente bosquejo construido alrededor del tema: «Nehemías, el hombre de oración.»

Título: *«Poder a través de la oración»*

  I. Se dio cuenta de la necesidad de la oración (Neh. 1:1-3)
      A. Con respecto a la tragedia de su pueblo (vv. 1-3)
      B. Con respecto a las condiciones de Jerusalén, el centro de adoración (vv. 1-3)
      C. A pesar de lo cómodo de sus circunstancias (vv. 1-2, 11)
 II. Pronunció la oración adecuada (Neh. 1:4-11)
      A. Con espíritu anhelante (v. 4)
      B. Con corazón contrito (vv. 5-7)
      C. Con fe en las promesas de Dios (vv. 8-9)
      D. Con peticiones específicas (vv. 10-11)
III. Obtuvo unos resultados gloriosos de su oración (Neh. 2:1-8)
      A. Con respuestas directas a sus peticiones (vv. 1-8)
      B. Mediante la mano llena de gracia de Dios sobre él (v. 8)

Ya bien durante el curso del sermón, o preferiblemente al finalizar, podríamos exponer y desarrollar las siguientes verdades intemporales que se derivan del pasaje:

• El Dios del cielo se deleita en oír las oraciones de Su pueblo sobre la tierra.

- Tenemos que cumplir las condiciones divinamente prescritas si queremos ver cómo Dios interviene en nuestro favor.
- El Señor no tiene sustitutos para la confesión. El pecado tiene que ser tratado de una manera definitiva, implacable y total.
- Dios ejecuta lo imposible para aquellos que oran a Él.

Una tesis apropiada para el anterior bosquejo, conteniendo una verdad intemporal tal como se ha definido antes en este capítulo, podría quedar expresada de la siguiente manera: «La oración ferviente del piadoso tiene un poder maravilloso.» Nuestra oración interrogativa podría decir: «¿Cómo se revela esta verdad en el pasaje que tenemos ante nosotros?» La oración de transición podría ser dada así: «Al estudiar tres hechos principales en este pasaje de las Escrituras tocante a Nehemías, el hombre de oración, veremos cómo queda esta verdad ejemplarizada.» El sermón, naturalmente, iría dado en las líneas que se muestran arriba.

Incluso las narraciones bíblicas pueden ser entendidas con mayor facilidad cuando las presentamos de acuerdo a un plan sencillo. Nótese lo eficaz del bosquejo que David W. Fant empleó en una ocasión en relación con la historia del buen samaritano en Lucas 10:30-37:

I. El hombre que necesitaba un amigo (v. 30)
II. Los dos hombres que hubieran debido mostrarse amigos (vv. 31-32)
III. El hombre que se mostró amigo (vv. 33-37)

La narración se refiere a cuatro hombres, y los puntos en consideración conducen al samaritano, que demostró ser un verdadero amigo. Por tanto, el verdadero propósito de esta historia es enseñarnos nuestra responsabilidad hacia una persona que precise de un amigo.

Aunque las formas alternativas que hemos considerado en esta sección pueden dar variedad en la expresión de la proposición, recomendamos que el principiante evite su utilización por entero hasta que haya llegado a dominar totalmente la técnica de afirmar la proposición de acuerdo con los principios presentados en este capítulo.

También apremiamos a que, siempre que se utilice una de las formas alternativas que se han presentado, se recuerde que se han de usar los elementos de transición que conducen al cuerpo del sermón. Por ejemplo, en el bosquejo en el que se usa la exclamación: «¡Qué maravillosas son las bendiciones que poseemos en Cristo!», podemos hacer la transición al cuerpo del sermón con una afirmación como la que sigue: «Consideremos ahora estas bendiciones una a una al examinar este pasaje de la epístola de Pablo a los Efesios.»

EL LUGAR DE LA PROPOSICIÓN EN EL BOSQUEJO DEL SERMÓN

La proposición debería aparecer, por lo general, al final de la introducción. La introducción lleva a la proposición, la cual, junto con las oraciones interrogativa y de transición que la acompañan, conduce al cuerpo principal del sermón. Obsérvese cómo esto se consigue en el bosquejo que sigue:

Título: «*El salmo del contentamiento*»
Texto: Salmo 23

Introducción:
A. Pastor en Idaho con un rebaño de 1.200 ovejas, incapaz de dar una atención individualizada a las ovejas
B. Contrastar con el Pastor de este salmo, como si solamente tuviera que cuidarse de una oveja
C. Cada hijo de Dios se reconoce a sí mismo como la oveja de la que se habla en este salmo

Proposición:
> El contentamiento es la feliz prerrogativa de cada hijo de Dios

Oración interrogativa:
> ¿En qué se basa este contentamiento?

Oración de transición:
> El Hijo de Dios aprende de este salmo que, como oveja del Señor, su contentamiento se basa en tres hechos en relación con la oveja

    I. El Pastor de la oveja (v. 1)
   II. La provisión de la oveja (vv. 2-5)
 III. La esperanza de la oveja (v. 6)

Al desarrollar el sermón de esta manera, afirmando la tesis antes de presentar los puntos que la explican o demuestran, estamos usando el enfoque deductivo. Éste es el método que se emplea con mayor frecuencia en los textos de homilética, y es el que también hemos usado aquí principalmente.

Sin embargo, hay ocasiones en que el predicador puede considerar deseable retener el objetivo de su sermón hasta el mismo final, usando los principales puntos para conducir a la afirmación de la verdad intemporal. El siguiente ejemplo muestra cómo se hace:

Título: *«Cometiendo suicidio nacional»*
Texto: 2.º Reyes 17:7-23

    I. Una nación puede pecar voluntariamente contra el Señor, como lo hizo Israel (vv. 7-12)

   II. Una nación puede quedar endurecida contra el Señor como le sucedió a Israel (vv. 13-14)

 III. Una nación puede rechazar la Palabra de Dios, como lo hizo Israel (vv. 15-16)

 IV. Una nación puede entregarse a hacer el mal a los ojos de Dios, como lo hizo Israel (vv. 16-17)

Proposición:
> Ninguna nación puede escapar al juicio divino que le viene como consecuencia de su propia culpabilidad

Conclusión:
> Así le sucedió a Israel, y el juicio que ha caído sobre esta nación hasta el día de hoy es un constante recordatorio de la retribución divina sobre las transgresiones de las naciones

Con la utilización de cuatro ejemplos extraídos de la historia de las maldades de Israel, hemos llegado a un principio con respecto a la destrucción que aquella nación atrajo sobre sí. Este procedimiento, en el que los puntos del bosquejo conducen hacia la expresión de la proposición, recibe el nombre de método inductivo. A continuación se presenta otro ejemplo del método inductivo.

Título: *«Cómo ser salvo»*

I.   ¿Puede salvarnos el ser miembros de una iglesia?
II. ¿Puede salvarnos el bautismo?
III. ¿Pueden salvarnos las buenas obras?
IV. ¿Pueden salvarnos las buenas intenciones?

Proposición y conclusión:
> Solamente la obra de Jesucristo en la cruz puede salvarnos del pecado (Ef. 2:8-9; Hch. 4:12)

EJERCICIOS

1. Se relacionan a continuación nueve breves pasajes bíblicos, en los que el estudiante no debería tener dificultad en descubrir el sujeto y el completo. Expresa el sujeto y el complemento o complementos de cada uno: Génesis 15:1; Éxodo 15:

22-26; Josué 5:13-15; Salmo 126:1-6; Isaías 1:18; Amós 7:10-17; 1.ª Corintios 4:1-2; Efesios 4:1-3, y 1.ª Pedro 3:7.

2. En base al sujeto y complemento descubiertos en cada uno de los nueve pasajes del ejercicio anterior, expresar una idea exegética apropiada, en forma de una oración completa, para cada uno de ellos.

3. ¿Cuál de cada una de las siguientes oraciones cumple las condiciones de la proposición, tal como han quedado expuestas en este capítulo?

(1)   ¿Has alabado a Dios hoy?

(2)   Debiéramos ser fieles en el servicio de Dios.

(3)   Dios da abundantemente de Su gracia.

(4)   El creyente puede confiar en el Señor cuando afronte una época de necesidad.

(5)   Los niños frecuentemente temen la oscuridad.

(6)   El Evangelio de la gracia de Dios.

(7)   El misterio de los siglos: Cristo en vosotros.

(8)   Daniel no fue devorado por los leones debido a su fe en Dios.

(9)   La Palabra de Dios es a la vez nuestra guía y fortaleza.

(10)   Dios está perfeccionando a los santos.

(11)   No tengáis ansiedad por nada.

(12)   Un cristiano gozoso es un testimonio para los que le rodean.

(13)   Los fariseos pretendían que Cristo arrojaba demonios por el poder de Satanás.

(14)   Si somos generosos en nuestros dones, el Señor nos bendecirá con abundancia.

(15)   Cuando servimos al Señor estamos sirviendo a un excelente Dueño.

(16)   Hay momentos para estar en silencio ante el Señor.

(17)   Nuestro Padre Celestial da atención a Sus hijos.

(18)   Es bueno que el cristiano se dé cuenta de que Dios siempre lo hace todo bien.

(19)   El Gobernador del universo toma nota de todo lo que sucede en este mundo.

(20)   Dios no es deudor del hombre, y nos recompensará por todo lo que hagamos para Él.

4. Leer tres sermones de autores distintos, y formular una oración-sujeto apropiada para cada uno de ellos.

5. Preparar una idea germinal apropiada para cada uno de los siguientes bosquejos temáticos de sermón que aparecen en el capítulo 1.

«La esperanza del creyente»
«Hacia el conocimiento de la Palabra de Dios»
«El poderío de Dios»

6. Formular una proposición correcta para cada uno de los bosquejos de sermón textual que aparecen en el capítulo 2:

«Poniendo lo primero en primer lugar»
«El gozo de la Pascua»
«El único acceso a Dios»

7. Redactar una tesis que se corresponda con cada uno de los bosquejos de sermón expositivo que aparecen en el capítulo 3:

«La buena batalla de la fe»
«El callejón sin salida»
«De pecador a santo»

8. Decir qué es lo que está mal en el título y la proposición de cada uno de estos bosquejos, y mostrar cómo debieran corregirse. Añadir también una oración interrogativa y otra de transición que sigan, siempre que sea posible, a cada proposición.

(1) Título: *«Concediendo una petición»*
     Texto: 1.º Samuel 1:4-28

     Proposición:
              Estos versículos dan cinco lecciones acerca de la oración, que son adecuadas para cada creyente

              I. Ana se angustiaba por su esterilidad (vv. 4-10*a*)

    II. Ana oró por un hijo (vv. 10b-11)
   III. Ana no fue bien comprendida por el sacerdote (vv. 12-18)
   IV. Ana recibió respuesta a su oración (vv. 19-20)
    V. Ana presentó a Samuel al Señor (vv. 24-28)

(2)   Título: *«Normas»*
       Texto: Romanos 12:1-2

Proposición:

La vida del cristiano tiene normas sublimes, y podemos vivir esta vida en el poder del Espíritu de Dios

    I. Una vida dedicada
      A. De sacrificio
      B. De servicio
   II. Una vida obediente
      A. De no conformidad al mundo
      B. De conformidad a la voluntad de Dios

(3)   Título: *«El victorioso Daniel»*
       Texto: Daniel 1:1-21

Proposición:

El ejemplo de Daniel para cada cristiano de la victoria sobre el pecado

    I. La prueba de Daniel (vv. 1-7)
   II. El propósito de Daniel (v. 8)
  III. El triunfo de Daniel (vv. 9-21)

(4)   Título: *«Cristo y los privilegios del cristiano»*
       Texto: Efesios 1 — 6

Proposición:

Trataremos de conseguir una visión global de la Epístola a los Efesios, que trata de la posición, del andar y de la guerra del creyente

     I. La posición del creyente (1 — 3)
    II. El andar del creyente (4:1 — 6:9)
   III. La guerra del creyente (6:10-20)

(5) Título: *«Tened un corazón»*
     Texto: 1.ª Tesalonicenses 3:1-13

Proposición:
    Tened un corazón como el del apóstol Pablo.

     I. Un corazón compasivo (vv. 1-4)
    II. Un corazón amante (vv. 5-9)
   III. Un corazón dado a la oración (vv. 10-13)

Capítulo 8

LAS DIVISIONES

DEFINICIÓN DE LAS DIVISIONES

Las divisiones son las secciones principales de un discurso ordenado. Sea que se indiquen en la predicación o no, un sermón apropiadamente planificado estará dividido en partes concretas, contribuyendo cada componente a la unidad del discurso.

Los numerosos ejemplos de los bosquejos de sermón en los capítulos precedentes debieran ser suficientes para indicar el valor de la buena disposición de un discurso. Sin embargo, será bueno considerar algunas razones específicas en favor del uso de divisiones en un sermón.

EL VALOR DE LAS DIVISIONES
PARA EL PREDICADOR

1. Las divisiones promueven la claridad del pensamiento.

Si un sermón tiene que ser construido de una manera apropiada, no puede ser erigido sobre unas ideas vagas ni so-

bre unas expresiones indefinidas. Al contrario, la estructura
lógica tiene que ser tan clara y precisa, que el significado de
cada punto quede perfectamente claro para los oyentes en el
momento en que se anuncie cada división. Además, la disciplina de disponer el material de la predicación en una estructura orgánica, lleva al predicador a afirmar sus pensamientos
de una manera distintiva y clara. El mensaje queda también
clarificado en la mente del predicador cuando está dispuesto
en un orden apropiado.

2. Las divisiones promueven la unidad del pensamiento.

Se ha dicho en repetidas ocasiones que la unidad es esencial para la construcción de un sermón. El hecho de tener un
bosquejo tiende ya a su unificación; porque en el esfuerzo del
predicador en clasificar su material bajo varios encabezamientos, se posibilita el discernir si el sermón tiene una unidad
estructural o no. Pronto se reconocerán los puntos intrascen-
dentes al buscar el relacionar cada división con la idea central del discurso.

**3. Las divisiones ayudan al predicador a tratar el tema de
una manera adecuada.**

Al organizar el ministro su material para el sermón podrá
ver el tema como un todo, los varios aspectos del tema, y la
relación de cada parte con las otras. Algunos aspectos sobre-
saldrán como teniendo una importancia especial y merecien-
do, por ello, un tratamiento o énfasis particular. Otros aspectos pueden verse después como irrelevantes o no importantes,
y pueden, por tanto, quedar excluidos del sermón. Una consideración adicional de las varias partes del tema, indicará también el orden en que debieran ser tomadas, y coadyuvar así
a la formación de la progresión de pensamiento en el desarrollo del bosquejo.

4. Las divisiones posibilitan al predicador al recordar las partes principales de su sermón.

Un error común del principiante en el púlpito es mirar con frecuencia sus notas, en lugar de mirar directamente a su congregación, manteniendo un constante contacto visual con la gente. El predicador que tiene su sermón dispuesto de una manera apropiada evitará este error. Su mensaje está bosquejado de una manera tan clara que puede recordar sus divisiones principales sin ninguna dificultad, y puede ir pasando fácilmente de una parte de su sermón a la siguiente, dando como máximo una rápida mirada a sus notas. Sus pensamientos se van desarrollando rápida y fluidamente mientras se halla ante el púlpito porque, días antes de pronunciar el sermón, ha preparado las divisiones en un orden apropiado y eficaz.

EL VALOR DE LAS DIVISIONES PARA LA CONGREGACIÓN

Un bosquejo bien planificado ayuda al oyente no menos que al predicador. Hay, por lo menos, dos ventajas importantes para la congregación.

1. Las divisiones clarifican los principales puntos del sermón.

Es mucho más fácil para el oyente seguir un mensaje hablado cuando las ideas principales están organizadas y expresadas con claridad, que cuando las ideas están desorganizadas y sin relacionar entre sí. Al anunciar el predicador sus divisiones, y al pasar de un punto al siguiente, el oyente puede reconocer las relaciones de una parte con la siguiente, y puede también distinguir la evidente progresión en la discusión.

2. Las divisiones ayudan a recordar los principales aspectos del sermón.

¡Cuántas veces alguien dice después de un servicio eclesial que ha recibido bendición del sermón, pero cuando se le pide qué es lo que ha dicho el ministro, ha de admitir que solamente tiene una vaga impresión del contenido del sermón! Pero cuando se da un mensaje, de manera que los principales encabezamientos se puedan distinguir con claridad, el oyente podrá meditar a fondo acerca de las principales ideas del discurso, y cada división le servirá como «apoyo» sobre el que podrá colocar las verdades que ha oído.

PRINCIPIOS PARA LA PREPARACIÓN DE LAS DIVISIONES PRINCIPALES

1. Las principales divisiones debieran surgir de la proposición, contribuyendo cada división al desarrollo o elaboración de la proposición.

Así como la proposición es el quid del sermón, las principales divisiones son el desarrollo de la proposición, su elaboración. Cada división principal tiene que estar derivada de la tesis, servir como explicación del concepto contenido en ella, o ser, en alguna otra forma, esencial para su desarrollo. En otras palabras, cada división debiera ser una expansión de la idea expresada en la proposición. Se deberían estudiar los bosquejos del capítulo anterior, observando cómo las divisiones principales se derivan de la proposición, o son su desarrollo, en cada caso.

Con respecto al bosquejo del Salmo 23 en el capítulo 7, la proposición puede parecer, a primer vista, no relacionada con las divisiones principales, hasta que nos damos cuenta de la analogía entre la oveja y el hijo de Dios, mencionados en la introducción y en la oración de transición.

2. Las divisiones principales debieran ser totalmente distintas entre sí.

Aunque cada división principal debe ser sacada de la proposición, o constituir un desarrollo de la misma, cada una tiene que ser enteramente distinta de las otras. Esto significa que no debe haber solapamiento entre las divisiones. Considerar el bosquejo siguiente:

Título: «*El ideal del cristiano*»
Texto: 1.ª Corintios 13:1-13

Proposición:
> El amor es el ideal por el que se mide la vida del cristiano

Oración interrogativa:
> ¿Qué podemos aprender de este capítulo acerca de este ideal por el que se miden nuestras vidas?

Oración de transición:
> Hay tres hechos principales acerca del amor que podemos aprender de 1.ª Corintios 13

    I. La preeminencia del amor (vv. 1-3)
   II. Las características del amor (vv. 4-7)
  III. La permanencia del amor (vv. 8-13)

No hay ningún solapamiento en las divisiones en este bosquejo; cada una de las tres divisiones es totalmente distinta de las otras dos. Vamos ahora a alterar el bosquejo a propósito, añadiendo una división más.

    I. La preeminencia del amor (vv. 1-3)
   II. Las características del amor (vv. 4-7)
  III. La continuidad del amor (vv. 8-12)
  IV. La duración del amor (v. 13)

Es evidente que las divisiones tercera y cuarto se solapan, por cuanto la duración del amor queda incluida en la idea de la continuidad. Cuando el predicador comete un error de este tipo, lo único que hará será repetirse a sí mismo durante el sermón, expresando las mismas ideas, en tanto que asume erróneamente que está moviéndose adelante en el desarrollo de su discurso.

3. Las divisiones principales debieran disponerse en forma de progresión.

En tanto que cada división principal tiene que contribuir al desarrollo de la proposición, las divisiones debieran también ser dispuestas de manera que indiquen progresión de pensamiento. El orden en que se organicen las divisiones dependerá de varios factores, pero debiera existir alguna forma de progresión.

El predicador puede desear tratar los puntos del texto en base a su secuencia cronológica, o puede preferir disponer el material en orden de localización espacial o geográfica. Por otra parte, puede desarrollar las divisiones en una pauta lógica, disponiéndolas según el orden de importancia que tengan, de causa a efecto, de efecto a causa, o en orden de comparación y contraste, o viceversa. Cuando aparezcan puntos negativos y positivos como divisiones, las divisiones negativas deberían, por lo general, ser situadas antes de las positivas.

En un bosquejo expositivo es, normalmente, mejor seguir la disposición general del pasaje, pero no es siempre algo necesario. Léase Lucas 15:25-32, notando después los puntos principales en el bosquejo «El fariseo: Ayer y hoy» del capítulo 7, como éstos ni siguen el orden del texto, aunque están dispuestos en una pauta apropiada.

Un bosquejo de sermón puede estar también dispuesto de tal manera que cada división empiece con cualquiera de las palabras que siguen: quién, cuyo, a quién, qué, el cual, cómo, por qué, cuándo, dónde. El siguiente bosquejo ilustra este punto:

Título: *«La vida abundante»*
Texto: Romanos 15:13

Proposición:

Cada creyente tiene a disposición una abundante vida en Cristo

Oración interrogativa:

¿Qué es lo que revela el texto acerca de esta vida abundante?

Oración de transición:

En Romanos 15:13 se revelan varios aspectos con respecto a esta vida abundante que está a disposición de cada creyente

I. De dónde viene: «Y el Dios de esperanza os llene»
II. En qué consiste: «Os llene de todo gozo»
III. Cómo se puede obtener: «En el creer»
IV. Por qué debiéramos poseerla: «Para que abundéis en esperanza»
V. Cómo podemos vivirla: «Por el poder del Espíritu Santo»

Una variación de esta forma de bosquejo consiste en la construcción de un sermón en el que cada división consiste en una pregunta. Usando el mismo texto, Romanos 15:13, podemos disponer el bosquejo de la siguiente manera:

Título: «*La vida abundante*»
Texto: Romanos 15:13

Proposición:

Cada creyente tiene a disposición una vida abundante en Cristo

Oración interrogativa:

¿A qué preguntas da respuesta este versículo para el creyente deseoso de gozar de esta vida?

Oración de transición:

Son cinco las preguntas con respecto a la vida abundante que pueden recibir contestación en Romanos 15:13

    I. ¿De dónde viene?
   II. ¿En qué consiste?
 III. ¿Cómo podemos obtenerla?
 IV. ¿Por qué debiéramos poseerla?
  V. ¿Cómo podemos vivirla?

El principiante construye a menudo bosquejos de este tipo, pero el lector habrá notado que no hemos empleado este tipo de estructura de sermón en ninguno de los anteriores capítulos. La razón de ello es que no deseamos alentar el uso de esta forma de construcción de sermón. Aunque es de legítima utilización, el predicador que lo emplee con demasía descubrirá que puede encontrarse con dificultades para mantener el interés de su congregación.

4. **Cuando la proposición consiste en una afirmación que precise de validación o prueba, las divisiones principales debieran agotar o defender de manera adecuada la posición tomada en la tesis por parte del predicador.**

En un sermón de este tipo, en el que la proposición demanda validación o prueba, los oyentes tienen el derecho de esperar que el predicador dé unas razones o apoyo adecuado en su defensa. Una evidencia o prueba insuficientes dejan el sermón inacabado, y con toda probabilidad dejará insatisfechos a los oyentes. Bajo estas circunstancias, es importante que se incluyan todas las divisiones necesarias para el desarrollo de la idea homilética.

Observemos el bosquejo que sigue a continuación:

Título: *«La misión universal de la iglesia»*

Proposición:
        Las principales razones para las misiones a escala universal imponen una solemne obligación sobre la iglesia

Frase interrogativa:
        ¿Cuáles son las principales bases bíblicas para

las misiones a escala universal?
Frase de transición:
Hay dos bases principales para las misiones a es-
cala universal

 I. Todos los hombres tienen necesidad de un
     Salvador (Ro. 5:12)
 II. Dios ha provisto la salvación para todos los
     hombres (Jn. 3:16)

Si omitimos la gran comisión que Cristo dio a Sus discípulos para que proclamaran las buenas nuevas de la salvación
a todos los hombres, entonces hemos fracasado en agotar la
proposición, por cuanto la orden de Cristo a Sus siervos a que
prediquen el Evangelio a toda criatura, es ciertamente una de
las principales bases bíblicas para las misiones a escala universal. Por ello, la oración transicional debería decir: «Hay
tres bases principales para las misiones a escala universal», y
se debería añadir esta tercera división:

 III. Dios nos ha ordenado predicar el Evangelio
      a toda criatura (Mr. 16:15)

**5. Cada división principal debería contener una sola idea
básica.**

Al limitar cada división principal a una sola idea es posible tratar cada división como una unidad en sí misma; así,
todo lo que se halla en aquella división girará alrededor de
un concepto básico. Por ello, sería incorrecto tratar en esta
misma división el significado y el poder de la verdad, por
cuanto son dos líneas de pensamiento distintas, que debieran
ser tratadas por separado.

**6. Las divisiones principales debieran ser expresadas con
claridad, estando cada división relacionada de tal manera con las oraciones interrogativa y de transición, que
exprese una idea completa.**

Cada división principal debería expresarse de tal manera que su significado sea de inmediato inteligible para los oyentes. A fin de conseguir esto, el ministro debería estar seguro de que cuando conecta las oraciones interrogativa e intransitiva con cada división principal, esta última es una expresión de una idea completa.

En el bosquejo que el predicador prepara en su estudio, y que puede llevar consigo al púlpito, no tiene que señalar las divisiones en oraciones largas o complejas. Al contrario, es preferible una afirmación breve y clara, o una frase, a una oración extensa. En algunas ocasiones, una sola palabra será suficiente para expresar el concepto que el predicador tiene en mente para presentar a la congregación. Por ejemplo, en un bosquejo temático acerca de los títulos descriptivos de la Palabra de Dios, las divisiones principales, tal como aparecen en las notas del ministro, podrían decir sencillamente:

    I.   Pan
   II. Lámpara
  III. Martillo
  IV. Espada

Sin embargo, cuando el predicador pronuncie su sermón, no debiera sacrificar la claridad a la brevedad. En lugar de ello, cuando llegue a cada uno de estos encabezamientos principales debería darlos en una oración completa, usando oraciones de transición para ello. Así, en relación con el bosquejo al que nos acabamos de referir, el predicador podría expresar la primera división principal en palabras como las que siguen: «Uno de los títulos que vamos a estudiar hoy, aplicado a la Palabra de Dios, es el de Pan.» Al llegar al segundo título, puede decir: «Otro título para la Palabra de Dios que hallamos en las Escrituras es el de Lámpara», etc.

Josué 1:1-9 nos da material para un bosquejo expositivo acerca de «Las bases especiales para el liderazgo espiritual». Léase el pasaje mencionado, y obsérvese a continuación el siguiente bosquejo:

Título: «*Las bases esenciales para el liderazgo espiritual*»

Proposición:
>   Un hombre que sea líder espiritual debe poseer
>   las cualidades apropiadas

Oración interrogativa:
>   ¿Cuáles son estas cualidades?

Oración de transición:
>   Un estudio de Josué 1:1-9 nos revela algunas de
>   bases esenciales del liderazgo espiritual

>   I.   Confianza (vv. 1-2)
>   II. Apropiación (vv. 3-4)
>   III. Dependencia (vv. 5, 6, 9)
>   IV. Obediencia (vv. 7-8)

Si el lector está alerta, habrá descubierto que estas divisiones no expresan las ideas que enseña el texto de las Escrituras en relación con la proposición. El texto no sugiere que una base esencial de un líder espiritual lo sea la mera confianza. La confianza sin calificar, tal como se expresa en la primera división, podría ser entendida de cualquiera de varias maneras. Podría asumirse que se refiere a la confianza de Josué en su propia sabiduría, confianza en su ejército, o confianza en alguna otra cosa.

Obsérvese ahora el siguiente bosquejo que, cuando se relaciona con la oración de transición, da una expresión apropiada de las verdades contenidas en el texto en relación con las bases esenciales de un líder espiritual:

>   I.   Confianza en el poder de Dios (vv. 1-2)
>   II. Apropiación de las promesas de Dios (vv. 3-4)
>   III. Dependencia de la presencia de Dios (vv. 5, 6, 9)
>   IV. Obediencia a la Palabra de Dios (vv. 7-8)

Cuando llegue el momento de pronunciar el sermón, el ministro ligará entonces la idea contenida en la oración de transición con la afirmación de cada división principal. Por ejemplo, al tratar el predicador con el primer punto principal puede decir: «Al comenzar nuestra consideración de este pasaje, que revela ciertas cualidades para el liderazgo espiritual, aprendemos en los versículos 1 y 2 que una de estas bases esenciales es la confianza en la Palabra de Dios.»

7. Las divisiones principales debieran ser tan pocas como sea posible.

Ya se ha sugerido que no se debería omitir ninguna división necesaria para el desarrollo completo de la proposición. Pero, por otra parte, el predicador debe tener cuidado en no introducir ninguna sección innecesaria en el bosquejo. Como regla general, debería tener como objetivo mantener las divisiones en el mínimo número posible. Sin embargo, debe quedar evidente que no puede haber menos de dos divisiones, por la simple razón de que cuando algo se divide, da como resultado un mínimo de dos partes.

El número de divisiones en un bosquejo dependerá del tema tratado y del contenido del pasaje. Algunos temas exigirán varias divisiones, en tanto que otros pueden ser tratados apropiadamente con sólo dos o tres divisiones. Será bueno que se limiten los bosquejos a un máximo de siete divisiones principales. En general, tres, cuatro o cinco divisiones serán suficientes para desarrollar la proposición en relación con el texto de las Escrituras. Incluso un sermón expositivo, basado en un pasaje extenso de las Escrituras, puede ser dividido en dos, tres o cuatro divisiones principales, dependiendo ello del contenido del pasaje.

8. El plan del sermón debiera ser presentado con variaciones de semana en semana.

Aunque muchos sermones tienen solamente tres puntos principales, no debiéramos emplear el mismo plan de semana en semana. En lugar de ello, debiéramos variar el número de divisiones de acuerdo con el contenido del texto o del tema que se trate.

En el curso de la predicación, es también prudente variar la manera de introducir las divisiones. La referencia a la forma numérica de las divisiones, constituye un método común de llamar la atención al movimiento de una división a la siguiente. Sin embargo, en lugar de usar las expresiones numéricas «primero», «segundo», «tercero», etc., cada vez que nos refiramos a las divisiones, podemos introducirlas con términos tales como «para empezar», «de nuevo», «otra vez», y «finalmente». Otras expresiones similares a éstas aparecerán por sí mismas en la mente del predicador, al ir haciendo la transición desde la proposición a la primera división principal, y de una división principal a la siguiente.

No es siempre necesario dar el orden numérico de las divisiones principales. En lugar de ello, podemos referirnos a la proposición cada vez que se presenta un nuevo encabezamiento. En otras ocasiones, la recapitulación de las anteriores divisiones principales, antes de la introducción de la siguiente, puede ayudar a fijar las divisiones en las mentes de las oyentes.

Hay también ciertas condiciones o circunstancias en las que puede ser bueno dejar a un lado cualquier declaración explícita de las divisiones principales. No se puede dar ninguna norma general y fija en cuanto a cuándo puede el predicador omitir dar las divisiones. En algunas ocasiones, el plan general del sermón puede ser tan evidente que la expresión de la estructura del bosquejo puede dar al mensaje un efecto mecánico o artificial. Un mensaje devocional informal, un sermón para un funeral, o una ocasión en la que las emociones de los oyentes estén profundamente agitadas, son momentos en los que no debiéramos dar la impresión de que estamos pronunciando un discurso formal. Bajo tales circunstancias sería prudente omitir la mención de las divisiones.

9. Las divisiones principales debieran tener una estructura paralela.

La estructura paralela es la disposición del bosquejo en forma simétrica, de manera que las divisiones estén apropiadamente equilibradas y haciendo juego entre sí. Con esto, los encabezamientos del sermón siguen una pauta uniforme. Por ejemplo, si la primera división está en forma de frase, las otras divisiones debieran consistir también en frases, en lugar de oraciones o de palabras aisladas; o, si el primer punto va dado por una pregunta, los otros puntos debieran ser también preguntas.

La misma uniformidad debiera ser aplicada a las palabras en posiciones de énfasis. Por ejemplo, cuando la primera división empieza con una cierta parte de la oración, las otras divisiones debieran, como regla general, empezar con la misma parte de la oración. Los nombres debieran corresponderse con nombres, y los verbos con verbos, en forma paralela. Así, si el primer punto empieza con una preposición, cada punto sucesivo del bosquejo debiera comenzar con una preposición.

Se debieran señalar dos excepciones a esta regla general. En un caso, el artículo podría usarse uniformemente o no; en el otro, la preposición puede admitir una ligera diferencia en la estructura paralela. El bosquejo que sigue ilustra la aplicación de estos principios:

Título: «Cuando Dios justifica a un pecador»
Texto: Romanos 5:1-11

Proposición:
    La justificación produce resultados de bendición
    en aquellos que creen
Oración interrogativa:
    ¿Qué resultados?
Oración de transición:
    Estos versículos revelan varios resultados de la
    justificación en aquellos que creen

    I.   Paz con Dios (v. 1)
    II. Acceso a Dios (v. 2)
    III. Gozo en Dios (v. 2)
    IV. Triunfo en Cristo (v. 3)
    V.   El testimonio del Espíritu Santo (v. 5)
    VI. Seguridad perfecta (vv. 6-11)

Ya que la proposición demanda una consideración de los *resultados* de la justificación, y aunque las dos últimas divisiones no están en estructura paralela con el resto del bosquejo, sí están en armonía con las otras divisiones, porque son también resultados de la obra de Dios al declarar justos a los que creen.

Los hay que llegan a extremos en su esfuerzo por conseguir la simetría en un bosquejo. Mediante el uso de aliteración hallarán en ocasiones una palabra que se conforme al sonido de las palabras en las otras divisiones, aunque esta palabra sólo sirva para distorsionar el pensamiento del texto sagrado.

Nótese el siguiente bosquejo aliterado del Salmo 23:

Título: *«Las siete dulces "P" del Salmo 23»*

I. Posesión: «Jehová es mi Pastor»
II. Preparación: «En lugares de delicados pastos me hará descansar»
III. Progreso: «Me guiará por sendas de justicia por amor de su nombre»
IV. Presencia: «Tú estarás conmigo»
V. Provisión: «Aderezas mesa delante de Mí en presencia de mis enemigos»
VI. Privilegio: «Unges mi cabeza con aceite»
VII. Perspectiva: «En la casa de Jehová moraré por largos días»

Un cuidadoso estudio del Salmo 23 pone en claro que las palabras utilizadas en relación con las divisiones segunda y tercera no están en sintonía con el pensamiento del escritor sagrado. El pensamiento del texto bajo la segunda división principal no es el de preparación, sino de reposo, y la idea bajo la tercera división principal no es la de progreso, sino la de conducción. La aliteración puede servir como excelente ayuda para la memoria, y puede resultar muy útil en la estructura de los sermones, pero el predicador debería evitar su utilización si fuerza el sentido del texto.

TRANSICIONES

Así como la oración de transición es necesaria para formar una conexión suave entre la proposición y el cuerpo del sermón, también se precisa de transiciones cuidadosamente construidas cuando se pasa de una división principal del sermón a la siguiente. El oyente en un servicio de la iglesia no tiene el sermón del predicador ante él en forma escrita como ayuda para seguir el mensaje conforme éste va siendo pronunciado; el único medio que tiene de seguir el movimiento del pensamiento del orador es oyendo lo que está diciendo. La transición es una ayuda a este proceso.

Es fácil que el oyente pierda el giro del discurso de vez en cuando, particularmente cuando el predicador pasa de una sección principal del discurso a la siguiente. En este punto de transición, la mente del oyente medio va a la zaga del orador. La transición ofrece una pista a la congregación de que el ministro está dispuesto a empezar la siguiente frase de su mensaje. Por ello, una transición eficaz debe poner en claro a los oyentes cada uno de los pasos en el progreso del sermón. Debiera también preparar las mentes para lo que va a seguir, e interesarles en ello.

Una transición debiera ser expresāda de tal manera que permita el flujo fácil de las ideas de una parte del sermón a la siguiente. Los cambios abruptos de línea de pensamiento tienden a despistar o a confundir a la congregación; una buena transición allana el camino para la comunicación de sucesivas unidades de pensamiento.

Así, una transición eficaz puede relacionar la división con la proposición o con la oración principal de transición; puede revisar una o más de las principales divisiones del bosquejo; puede crear un interés por parte del oyente en la siguiente unidad de pensamiento; o puede apoyarse en la división principal anterior, indicando el movimiento desde la última unidad de pensamiento a la siguiente. También una transición debiera encadenar la última división principal con la conclusión del sermón.

Uno de los medios más eficaces de hacer transiciones es mediante el uso de una palabra clave contenida en la oración principal de transición (ver cap. 7). Cuando la principal oración de transición es expresada de una manera apropiada, contiene siempre una palabra clave que es aplicable a cada división principal. Siempre que el predicador llegue a un encabezamiento principal en su sermón, debiera, por ello, poder apoyarse en la oración transicional principal con su palabra clave. Así, si estuviera utilizando el bosquejo anteriormente mostrado acerca de Romanos 5:1-11 con la siguiente oración de transición: «Estos versículos revelan varios resultados de la justificación en aquellos que creen», la palabra clave, *resultados*, o su equivalente, se aplicará a cada una de las divisiones principales al hablar acerca de un efecto de la justificación tras otro.

En algunas ocasiones, una transición exigirá un breve párrafo, pero bajo circunstancias ordinarias se podrá expresar mediante una oración o dos, o incluso mediante una sola frase.

El siguiente bosquejo provee un ejemplo del uso de transiciones en un discurso.

Título: «*El mejor amigo*»
Texto: Juan 11:1-6, 19-44

Introducción:

    A. Allí donde vayamos nos encontramos con que la gente se halla solitaria, buscando un amigo fiel y verdadero

    B. Proverbios 18:24 dice que «amigo hay más unido que un hermano»

Proposición:

    Jesús es el mejor amigo que podamos tener

Oración interrogativa:

    ¿Qué características posee Él que le califiquen como el mejor amigo que podamos tener?

Oración de transición:
El pasaje que tenemos ante nosotros nos revela tres características de Jesús que le califican como el mejor amigo que podamos tener

I. Jesús es un amigo amante (vv. 3-5)
A. Que nos ama a cada uno de nosotros de manera individual (vv. 3-5)
Desarrollo
B. Que, sin embargo, permite que nos alcance la aflicción (v. 3)
Desarrollo

Transición:
¡Qué maravilloso tener un amigo amante como Jesús! Pero Él es más que esto.

II. Jesús es un amigo que comprende (vv. 21-36)
A. Que comprende nuestros dolores más profundos (vv. 21-26, 32)
Desarrollo
B. Que simpatiza con nosotros en nuestras penas más profundas (vv. 33-36)
Desarrollo

Transición:
Jesús es ciertamente un amigo amante y que nos comprende, pero todo ello sería muy incompleto si éstas fueran las únicas características que Jesús posee como amigo. Lo que necesitamos es un amigo que no sólo sea amante y que nos comprenda, como veremos en los versículos 37-44.

III. Jesús es un amigo poderoso (vv. 37-44)
A. Que puede hacer cosas milagrosas (v. 37)
Desarrollo
B. Que hace Sus milagros cuando cumplimos Sus condiciones (vv. 38-44)
Desarrollo

Transición:
Hemos visto que Jesús posee verdaderamente las cualidades para ser el mejor amigo que podamos tener, pero ahora afrontamos una cuestión importante: ¿Es Él nuestro amigo?

Conclusión

Se pueden encontrar ejemplos adicionales de transiciones en los sermones en los bosquejos ampliados en los capítulos 9 y 11.

PRINCIPIOS PARA LA PREPARACIÓN DE LAS SUBDIVISIONES

La construcción de las subdivisiones sigue muy de cerca los mismos principios que gobiernan los de las divisiones principales. Sin embargo, hay algunas diferencias en la aplicación de estos principios a las subdivisiones. Por ello, será deseable dar una atención específica a ciertos principios distintivos para la formulación de las subdivisiones.

1. Las subdivisiones se derivan de sus respectivas divisiones principales y debieran ser su desarrollo lógico.

La función principal de una subdivisión es la de desarrollar el pensamiento contenido en la división principal. Por ello, una subdivisión solamente conseguirá su propósito cuando las ideas expresadas estén relacionadas directamente y derivadas de las divisiones principales. Debiera quedar claro que las subdivisiones no están coordinadas con las divisiones principales, sino que están subordinadas a ellas.

En un sentido, la división principal es un tema, y cada subdivisión es una división del tema. De esta manera, todos los subtítulos tienen que tratar de la idea contenida en el punto principal. Como ilustración de ello, repetimos el bosquejo del Salmo 23 que se muestra en el capítulo 7:

Títtulo: *«El salmo del contentamiento»*
Texto: Salmo 23

Introducción:
- A. Pastor en Idaho, con un rebaño de 1.200 ovejas, incapaz de dar una atención individualizada a las ovejas
- B. Contrastar con el Pastor de este salmo, como si solamente tuviera que cuidarse de una oveja
- C. Cada hijo de Dios se reconoce a sí mismo como la oveja de la que se habla en este salmo

Proposición:
   El contentamiento es la feliz prerrogativa de cada hijo de Dios
Oración interrogativa:
   ¿En qué se basa este contentamiento?
Oración de transición:
   El hijo de Dios aprende de este salmo que, como oveja del Señor, su contentamiento se basa en tres hechos en relación con la oveja

   I. El Pastor de la oveja (v. 1)
       A. Un Pastor divino (v. 1)
       B. Un Pastor personal (v. 1)
  II. La provisión de la oveja (vv. 2-5)
       A. Reposo (v. 2)
       B. Conducción (v. 3)
       C. Consuelo (v. 4)
       D. Abundancia (v. 5)
 III. La esperanza de la oveja (v. 6)
       A. Una brillante esperanza para esta vida (v. 6)
       B. Una bendita esperanza para el más allá (v. 6)

Con respecto a la primera división principal que habla de «El Pastor de la oveja», obsérvese que cada una de las dos subdivisiones describe un aspecto del Pastor. Añadamos ahora una tercera subdivisión a la primera división principal:

  A. Un Pastor divino (v. 1)
  B. Un Pastor personal (v. 1)
  C. Una gran certeza (v. 1)

Es evidente que esta tercera subdivisión no se deriva de la idea contenida en la división principal y, por ello, no pertenece a este encabezamiento.

Consideremos las subdivisiones bajo la segunda división principal. Cada una de las cuatro subdivisiones trata de un aspecto de la provisión para la oveja. Asimismo, los subtítulos que pertenecen al tercer encabezamiento principal están también relacionados directamente con él.

Otro tratamiento analítico del Salmo 23 lo divide en dos partes principales, de la manera siguiente:

  I. El pastor en relación con su oveja (vv. 1-4)
  II. El huésped en relación con su anfitrión (vv. 5-6)

Así, presentamos el siguiente bosquejo:

Proposición:
  El creyente tiene toda la razón de estar satisfecho
Oración interrogativa:
  ¿Por qué tiene toda la razón de estar satisfecho?
Oración de transición:
  En este salmo se indican dos razones por las que tiene toda la razón de estar satisfecho

  I. Debido a la clase de Pastor que tiene para cuidar de él
  A. Un gran Pastor (v. 1)
  B. Un Pastor personal (v. 1-4)
  C. Un Pastor fiel (vv. 2-4)

  II. Debido a la clase de Anfitrión que le agasaja (vv. 5-6)
  A. Un Anfitrión poderoso (v. 5)

B.   Un Anfitrión espléndido (v. 5)
C.   Un Anfitrión fiel (v. 6)

El siguiente bosquejo muestra cómo las subdivisiones se derivan de sus divisiones principales respectivas en un sermón textual:

Título: *«Probado para ser usado confiadamente»*
Texto: Génesis 39:20-21

Proposición:
        Ocasionalmente, el Señor permite que un creyente pase a través de una experiencia que en aquel momento le puede ser difícil comprender
Oración interrogativa:
        ¿Cómo puede el creyente considerar una experiencia de este tipo?
Oración de transición:
        Esta experiencia, como en el caso de José, puede ser considerada por el creyente desde dos puntos de vista:

        I.   El punto de vista humano (v. 20)
             A.   Entonces le parecería una desgracia trágica
             B.   Entonces le parecería una situación sin salida
        II. El punto de vista divino (v. 21)
             A.   Entonces se puede considerar como una experiencia de la presencia de Dios
             B.   Entonces se puede considerar como una experiencia de la bondad de Dios
             C.   También se puede considerar como una experiencia del poder de Dios

El doctor Richard S. Beal, de Tucson, Arizona, pronunció una vez un sermón textual, tomado de Juan 19:17-18, en el que usó las siguientes divisiones principales:

Título: *«Un lugar llamado Calvario»*

   I. Fue el lugar de la crucifixión
  II. Fue el lugar de la separación
 III. Fue el lugar de la exaltación

Hemos expandido este bosquejo, insertando subdivisiones apropiadas debajo de cada punto principal correspondiente:

   I. Fue el lugar de la crucifixión
     A. Donde Jesús fue crucificado por nosotros (1.ª P. 2:24)
     B. Donde Jesús llevó la maldición por nosotros (Gá. 3:13)
  II. Fue el lugar de la separación
     A. Donde Jesús fue abandonado por Su Padre (Mt. 27:46; Mr. 15:34)
     B. Donde el pecador arrepentido fue separado de su pecado (Lc. 23:40-43)
     C. Donde el pecador arrepentido fue separado del pecador recalcitrante por la cruz de Cristo (Lc. 23:39-43)
 III. Fue el lugar de la exaltación
     A. Donde Jesús recibió el lugar central (Jn. 19:18)
     B. Donde el Señor fue exaltado como el Salvador de los hombres (Jn. 12:32-33, 19:19; 1.ª P. 3:18)

Las subdivisiones se deben hacer, no solamente para los sermones textuales y expositivos, sino también para los sermones temáticos. A continuación se muestra un bosquejo, en el que se puede observar cómo se desarrollan los subtítulos en base a su respectivo encabezamiento principal.

Título: *«¿Podemos conocer la voluntad de Dios para nosotros?»*

Proposición:
     Es posible que los cristianos conozcan la voluntad de Dios para sus vidas
Oración interrogativa:
     ¿Cómo podemos conocer la voluntad de Dios para nosotros?

Oración de transición:
Hay por lo menos tres principios generales para determinar la voluntad de Dios para nuestras vidas

I. Descubrimos la voluntad de Dios para nuestras vidas mediante la Palabra de Dios
   A. Que tenemos que leer (2.ª Ti. 3:16-17; Sal. 19:7-8, 119:9, 11, 104, 105, 130)
   B. Que tenemos que obedecer (Jos. 1:8; Ro. 12:1-2; Col. 1:9-10)
II. Aprendemos la voluntad de Dios para nuestras vidas mediante la convicción interna del Espíritu Santo
   A. Que pone en nuestros corazones aquello que Dios quiere que hagamos (Ro. 8:14; Gá. 5:16-18, 25)
   B. Que nunca nos apremia a hacer lo que es contrario a las Escrituras (Jn. 16:13-14, 17:17; Gá. 5:16-17)
   C. Que nunca nos conduce a hacer lo que está en contra de los deberes principales (Ro. 14:17-18; Ef. 5:9-18)
III. Descubrimos la voluntad de Dios para nuestras vidas a través de las circunstancias
   A. Que podemos corroborar mediante cualquiera de los anteriores principios o mediante ambos (Hch. 10:17-22, 11:4-15, 16:6-10)
   B. Que pueden abrir o cerrar la puerta en base al propósito del Señor para nosotros (Ap. 3:7-8; Fil. 1:22-26)

2. Las subdivisiones debieran tener una estructura paralela.

Como sucede con las principales divisiones, las subdivisiones deberían ser simétricas o apropiadamente equilibradas. Se debería seguir el modelo impuesto por la subdivisión principal debajo del primer encabezamiento principal, en todas las subdivisiones del bosquejo. Así, en el bosquejo que se muestra más abajo, basado en un pasaje que hemos considerado en el capítulo anterior, Marcos 16:1-4, el subtítulo inicial debajo de la primera división principal comienza con una preposición, y todas las divisiones subordinadas siguen el mismo modelo.

Título: «*Problemas demasiado grandes para nosotros*»
Texto: Marcos 16:1-4

Proposición:
    El pueblo del Señor se enfrenta en ocasiones con problemas demasiado grandes para afrontarlos
Oración interrogativa:
    ¿Qué es lo que nos enseñan estos versículos acerca de tales problemas con los que podamos encontrarnos?
Oración de transición:
    De este pasaje podemos aprender dos lecciones en relación con estos problemas
    I.   Problemas insuperables pueden afectar o confrontar incluso a los más devotos entre los que son del Señor (vv. 1-3)
        A.   En sus intentos de llevar a cabo un servicio amante
        B.   En sus intentos de cumplir un servicio de sacrificio
        C.   En sus intentos de cumplir un servicio unido
    II.   Los problemas insuperables, en realidad, quedan en ocasiones resueltos con facilidad (v. 4)
        A.   En un momento en que el mismo pueblo de Dios pueda no imaginárselo
        B.   En formas totalmente inesperadas

Examinar los otros bosquejos en este capítulo que contienen subtítulos, y observar la simetría de las subdivisiones en todos ellos.

3.   Las subdivisiones debieran ser limitadas en número.

El número de subdivisiones bajo una división principal depende del tema que se esté considerando o del contenido del texto. Por ejemplo, el bosquejo del Salmo 23 no estaría completo si omitiéramos una de las subdivisiones debajo de la segunda división principal. Asimismo, como regla general, no debiera haber más de tres o cuatro subtítulos debajo de una división principal. En ocasiones excepcionales puede que tengan que darse más subdivisiones, pero en tal caso sería prudente limitar la cantidad de subdivisiones debajo de las otras divisiones principales, de manera que el bosquejo no quede saturado con demasiados puntos subordinados.

Por lo general, es innecesario tener divisiones de subdivisiones, pero hay algunos temas o pasajes de las Escrituras que demandan un examen minucioso. En tales casos, puede ser necesario hacer divisiones subordinadas de las subdivisiones.

Léase el Salmo 1, y después compárese con el bosquejo que se presenta a continuación:

Título: *«¿Por qué camino andas?»*

Proposición:
        Todo hombre tiene solamente dos alternativas entre las que elegir el camino que andará
Oración interrogativa:
        ¿Cuáles son estas alternativas?
Oración de transición:
        El Salmo 1 describe estas alternativas como los dos caminos de la vida

I.   El camino del piadoso (vv. 1-3)
   A.   Está marcado por la separación del mal (v. 1)
   B.   Está marcado por la devoción a la Palabra de Dios (v. 2)
   C.   Está marcado por la bendición de Dios (v. 3)
      1.   Estabilidad

       2.   Fecundidad
       3.   Vitalidad
       4.   Éxito
  II. El camino de los malos (vv. 4-6)
      A. Es de carácter opuesto al de los rectos (v. 4)
      B. Acaba de una manera opuesta al de los rectos (vv. 5-6)

Aunque las subdivisiones debieran aparecer en el bosquejo del predicador, no debieran expresarse de manera formal en el curso de la predicación. La mención específica de los subtítulos provocaría, por lo general, la confusión en la mente de los oyentes, que no distinguirían bien entre los encabezamientos y los subtítulos. Los subtítulos debieran servir como guía al predicador en el desarrollo de su mensaje, pero es mejor no referirse a ellos al predicar, a no ser que haya razones específicas para ello.

4. Como sucede con las divisiones principales, las subdivisiones no tienen que ir en el mismo orden del texto.

En el caso de un sermón expositivo lo mejor, generalmente, es seguir el orden del texto en la preparación, tanto de las divisiones principales como de las subdivisiones. Sin embargo, por mor de la progresión lógica, puede haber la ocasión en que sea mejor usar un orden diferente en el bosquejo, que el seguido en el pasaje de las Escrituras. Léase Éxodo 16:4-36, y nótese a continuación el siguiente bosquejo:

Título: *«Pan del cielo»*

Introducción:
      A. Los israelitas en peregrinación de Egipto a Canaán; igualmente, los creyentes en peregrinación de la tierra al cielo
      B. La provisión que Dios dio a los israelitas para su peregrinación: el maná; así el alimen-

to espiritual para el pueblo de Dios hoy es:
la Palabra de Dios

C. Hay al menos tres aspectos en los que el
maná es una figura del alimento espiritual del
que debiera alimentarse el pueblo de Dios

I. En su provisión (vv. 4, 15)

A. Procede del Señor (v. 4)

B. Para el pueblo de Dios (vv. 4, 15)

II. Por la manera en que tenía que ser recogido (vv.
4-21)

A. De acuerdo con la necesidad de cada uno
(vv. 16-18)

B. A una hora temprana cada día (vv. 4, 21)

III. En su propósito (vv. 4, 19-36)

A. Sostener el pueblo de Dios a través de su
peregrinación (vv. 32-35)

B. Probar la obediencia del pueblo de Dios (vv.
4, 19-20, 23-29)

La notable semejanza entre el maná y la Palabra
de Dios tiene como propósito mostrarnos una importante verdad

Proposición:

Tenemos que alimentarnos con regularidad de la
Palabra de Dios durante nuestra peregrinación de
la tierra al cielo

Se observará que las divisiones del anterior bosquejo están dispuestas en orden lógico y no en el orden dado por el
texto.

EJERCICIOS

1. Señalar todos los errores que se hallen en los siguientes
bosquejos temáticos, y corregirlos:

(1) Título: «*Esperad en el Señor*»

Proposición:
   Es bueno esperar en el Señor
Oración interrogativa:
   ¿Por qué es bueno esperar en el Señor?
Oración de transición:
   Consideremos tres aspectos esenciales del acto
   de esperar en el Señor:

    I.   El Señor da oído al clamor del creyente
       (Sal. 40:1)
       A. Dios desea que los hombres le bus-
           quen (Lam. 3:25)
       B. Mi más anhelante deseo de Dios (Sal.
           42:1)
   II. Dios renueva las fuerzas del creyentes (Is.
       40:31)
       A. Cada día (2.ª Co. 4:16)
       B. Mediante conocimiento (Col. 3:10)
  III. Se promete conducir al creyente por su ca-
       mino (Sal. 32:8)
       A. Cuando nos sometemos a Él (Sal. 25:
           4-5)
       B. Rectos ante Él (Pr. 21:29)
       C. Al buscar la voluntad de Dios (Pr.
           3:5-6)
       D. Cuando estemos desorientados (Ro.
           12:1-2)
       E. Si somos humildes (Sal. 25:9)

(2) Título: «*La abundancia de Dios*»

Proposición:
   Dios es un Dios de abundancia
Oración interrogativa:
   ¿Cómo podemos aprender de la abundancia del
   Señor?
Oración de transición:
   Buscando la palabra «abundante» o «abundan-

cia» en la Biblia en relación con Dios, lo aprendemos todo acerca de la abundancia de Dios

I. Él es abundante en misericordia (1.ª P.
1:3)
   A. El significado de la misericordia
   B. Para todos los que creen
II. Él es abundante en gracia (Ro. 5:17)
   A. Lo cual significa que la gracia es
   dada gratuitamente por cuanto todas
   las demandas de la santidad han que-
   dado satisfechas
   B. En Cristo
III. Él es abundante en consolación (2.ª Co.
1:3-5)
   A. Cuando lo necesitamos
   B. Para capacitarnos a consolar a otros
IV. La abundancia del poder de Dios (Ef.
3:20)
   A. Que es sumamente abundante
   B. Según el poder que obra en nosotros

2. Indicar qué es lo que está mal en los siguientes bosquejos
textuales, y mostrar cómo debieran corregirse:

(1) Título: «La paz de Dios debido a la paz con Dios»
    Texto: Filipenses 4:6-7

Proposición:
      La oración ferviente y la paz de Dios van jun-
      tas
Oración interrogativa:
      ¿Cómo podemos obtener la paz de Dios?
Oración de transición:
      Estos versículos muestran el camino para obte-
      ner la paz con Dios

      I. El mandamiento: «Por nada estéis afano-
      sos» (v. 6)
         A. Debido a que Dios puede tener cui-

          dado de nosotros en nuestras necesidades

    B. No importa lo grande o pequeño del problema

II. La condición: «Sino sean conocidas vuestras peticiones delante de Dios en toda oración y ruego, con acción de gracias» (v. 6)

    A. Oración ferviente

    B. Acción de gracias continua

III. El efecto: «Y la paz de Dios... en Cristo Jesús» (v. 7)

    A. La paz de Dios

    B. En Cristo

(2) Título: «*La mano de Dios sobre los israelitas*»

Texto: «Los guió con seguridad» (Sal. 78:53*a*)

Proposición:

    La mano de Dios sobre Su pueblo al que sacó de Egipto

Oración interrogativa:

    ¿Qué evidencias nos revela este texto de la mano de Dios sobre Su pueblo?

Oración de transición:

    Del Salmo 78:53*a* hallamos una evidencia triple de la mano de Dios sobre Su pueblo

I. Conducción: «*Los* guió»

    A. Conducción personal

    B. Conducción segura

II. Progresión: «Los *guió*»

    A. No hacia atrás

    B. Sino hacia adelante

III. Con seguridad: «Los guió con seguridad»

    A. Con una columna de nube durante el día

    B. Con una columna de fuego durante la noche

3. Indicar los errores en los siguientes bosquejos expositivos, y corregirlos:

(1) Título: *«Cristianismo lleno de propósito»*
     Texto: 1.ª Corintios 9:24-27

Introducción:
- A. Feria Universal de Nueva York, 1964, edificio con la exhibición: «El triunfo del hombre»
- B. ¿Qué es lo que constituye triunfo o éxito en la vida cristiana?

Proposición:
Es posible hallar la meta de una vida cristiana y las líneas maestras de acción tan a menudo perdidas

Oración interrogativa:
¿Cómo podemos hallar estas cosas?

Oración de transición:
Una consideración del texto nos será de ayuda para descubrir las respuestas a nuestra pregunta

I. Luchamos para conseguir el premio (v. 24)
- A. No todos lo conseguirán
- B. Todos debemos intentarlo

II. Luchamos para conseguir la corona (v. 25)
- A. Siendo templados
- B. Buscando lo incorruptible

III. Luchamos debido a la certidumbre (vv. 20-27)
- A. Mantegamos nuestro objetivo siempre
- B. Nuestros cuerpos deben estar sometidos

(2) Título: *«Los resultados de la fe»*
     Texto: Hebreos 11:1-8

Introducción:
- A. Hebreos 11 es el registro de honor de Dios de los héroes de la fe
- B. Son cuatro los héroes de la fe mencionados en nuestro pasaje

Proposición:
Dios honra la fe
Oración interrogativa:
¿Cómo honra Dios la fe?
Oración de transición:
El apóstol Pablo considera tres resultados de la fe en este texto

- I. Por la fe entendemos (vv. 1-3)
  - A. Cosas que los ojos naturales nunca han visto (v. 1)
  - B. Cómo fue constituido el universo por la Palabra de Dios (v. 3)
- II. Por la fe agradamos a Dios (vv. 4-6)
  - A. Como Abel obtuvo la justicia por la adoración de la fe (v. 4)
  - B. Como Enoc fue traspuesto por el andar en la fe (v. 5)
- III. Por la fe obedecemos a Dios (vv. 7-8)
  - A. Como Noé salvó a su casa por la obra de la fe (v. 7)
  - B. Como Abraham recibió una herencia por la espera de la fe (v. 8)

(3) Título: «*Conocer el amor de Cristo*»
Texto: Efesios 3:14-21

Introducción:
- A. Lo más importante en la vida de un cristiano es el amor
- B. La gran oración del apóstol Pablo para los cristianos en Éfeso era que pudieran conocer el amor de Cristo

Proposición:
 Cada cristiano debiera conocer el amor de Cristo y cómo vivirlo
Oración interrogativa:
 ¿Por qué debieran los cristianos conocer el amor de Cristo?
Oración de transición:
 Hay tres razones por las que el cristiano debiera conocer el amor de Cristo

  I. Para ser fortalecido espiritualmente (vv. 14-17)
     A. Para confiar por entero (v. 17)
     B. Para una fe viviente (v. 17)
 II. Para experimentar la magnitud del amor de Cristo (vv. 18-19)
     A. Personalmente (v. 18)
     B. Positivamente (v. 19)
III. Para ser llenos de toda la plenitud de Dios (vv. 20-21)
     A. Poder infinito dentro de nosotros (v. 20)
     B. Salvación por medio de Cristo (v. 21)

4. Preparar un bosquejo temático apropiado para un servicio de adoración para la mañana del domingo de Pascua, dando el título, la introducción, la proposición, la oración interrogativa y la de transición, las divisiones principales, las transiciones y las subdivisiones.

5. Hacer un bosquejo textual sobre Isaías 41:10, con los mismos puntos que los expresados en el ejercicio anterior.

6. Preparar un bosquejo expositivo sobre Hechos 12:1-19, con los mismos puntos que los demandados en el ejercicio 4.

Capítulo 9

EL DESARROLLO

DEFINICIÓN DEL DESARROLLO

Las principales divisiones y subdivisiones son meramente el esqueleto del sermón, e indican las líneas de pensamiento que habrán de ser seguidas en el discurso. *El desarrollo es la apropiada elaboración de las ideas contenidas en las divisiones.*

Es en este punto de la elaboración del sermón que el predicador tiene que llevar al sermón todo su conocimiento y genio inventivo. Tiene que agrandar el bosquejo de manera que resulte en un mensaje bien hecho y vital, y que cumpla el objetivo que tiene en mente. A fin de conseguirlo tiene que introducir, seleccionar y disponer sus materiales, de manera que desarrollen con eficacia cada una de las divisiones.

CUALIDADES DEL DESARROLLO

1. Unidad

Hemos afirmado en el capítulo precedente que el tema de cada división principal es una unidad contenida en sí misma.

Las subdivisiones bajo cada una de las divisiones principales tienen que derivarse de la división principal, y seguir su tema. Todo lo que se considera bajo las subdivisiones debería ser una mera amplificación de la idea expresada en la división principal. Sigue de ello que no debiera haber ninguna disgresión ni se debieran introducir puntos carentes de pertinencia. En lugar de ello, debiera haber un constante empuje hacia una consideración adecuada de la única idea de la división. En algunas ocasiones, no obstante, un material que haya podido ser irrelevante para una división, puede ser necesario para completar el desarrollo en otra parte del sermón.

2. Proporción

La experiencia capacitará al predicador a reconocer qué partes del sermón demandan más énfasis. Algunas divisiones, debido al contenido que tienen, pueden exigir más atención, en tanto que otras divisiones pueden no ser tan importantes por lo que respecta al objetivo o propósito del discurso. La profundidad del texto, la importancia de una cierta verdad, o la dificultad involucrada en aquella parte del sermón pueden también hacer que el predicador considere una mayor amplificación de una división determinada.

Es bueno que el predicador recuerde que cada división principal tiene que contribuir a la totalidad del discurso y que, como regla general, las divisiones principales debieran equilibrarse prudentemente a fin de presentar un sermón bien redondeado.

3. Progresión

Las ideas bajo cada división debieran indicar un movimiento concreto del pensamiento. Cada oración debiera añadir algo al desarrollo. La estructura nunca debiera ser brusca ni forzada, sino que cada idea debiera ser una extensión de la precedente, a fin de componer una cadena de ideas hasta que el tema de la división haya sido ampliamente desarrollado o discutido. Cada explicación, ilustración, aplicación, argumento o cita debiera estar en el lugar correcto que le corresponda, para contribuir al adelanto ordenado en el pensamiento del sermón. La progresión producirá así un impacto acumulativo en los oyentes, y servirá para crear un interés vital en el mensaje.

4. Brevedad

Uno de los fallos comunes del hombre en el púlpito es la verborrea. Lo que se podría decir en veinticinco o treinta minutos le lleva frecuentemente cuarenta o cuarenta y cinco. El peligro de tal práctica es que la congregación se fatiga antes de que acabe el sermón. Los oyentes pueden parecer reverentes y respetuosos, pero es dudoso que continúen estando tan atentos e interesados como lo estaban en la primera parte del sermón.

Como se ha sugerido, cada división debería desarrollarse para dar al tema su fuerza o expresión debidas. Pero si uno ha de evitar la trampa de un discurso excesivamente largo, tiene que entrenarse a hablar con concisión. Cada palabra que dice debiera contar. Cada idea que expresa debiera ser relevante. Puede que sea frecuentemente necesario a aconsejable introducir una ilustración, ofrecer una explicación, o introducir otro material en el desarrollo, a fin de clarificar un punto. Sin embargo, todo lo que el predicador introduzca en el desarrollo de una división tiene que estar directamente relacionado con la idea en aquella división, y debiera expresarse tan brevemente como fuera posible.

Puede que se precise de una gran dosis de disciplina por parte del predicador para que pueda obtener la capacidad de condensar sus sermones, pero el esfuerzo será más que recompensado por las ventajas que resultarán tanto para él como para su congregación. Este predicador no malgastará el tiempo en el púlpito con vaciedades, repeticiones o explicaciones innecesarias. Evitará también el hábito de usar ilustraciones innecesarias o de relatar tantas anécdotas, que al final su sermón no sea nada más que una serie de historias unidas entre sí por una cita o texto de las Escrituras.

5. Claridad

El propósito principal del desarrollo es el de elaborar o revelar con mayor claridad el significado de las ideas en las divisiones. Si el sermón es bíblico, las divisiones evidentemente tratarán acerca de algún aspecto del texto, o de alguna verdad contenida en él. Es por ello de vital importancia, que el material que compone el desarrollo, ilumine las verdades de las Escrituras, sugeridas bajo cada división. Se debieran poner en juego todos los medios para conseguir este fin, de armonizar la unidad y la brevedad.

Un error común del principiante es el de hablar más allá de la capacidad de los oyentes. Olvidándose de que muchas personas en la congregación pueden haber carecido de la oportunidad de una buena instrucción académica, puede dirigirse a ellos como si estuviera hablando a un grupo de estudiantes posgraduados de una facultad o de un seminario. Puede que el lenguaje de la filosofía o de la teología sea necesario usar términos teológico, tales como «existencialismo», «antinomianismo», «soteriología» y «justificación»; pero cuando lo haga, sería bueno que definiera estos términos en el lenguaje de la calle. El Señor Jesús mismo, aunque hablaba de los temas más profundos, presentaba la verdad de una manera tan sencilla, que incluso «la multitud del pueblo le oía de buena gana».

6. Vitalidad

Es posible que el bosquejo de un sermón sea estructuralmente correcto y que el desarrollo resulte totalmente bíblico y ortodoxo, en tanto que el mensaje no constituya en absoluto un reto a los oyentes. Esto puede suceder, debido a que el desarrollo sea una consideración de hechos secos y carentes de interés, o que consiste en una sólida exégesis, con poco que sea de interés personal y aplicable a la congregación, o debido a que no progrese, de hechos e ideas familiares, a nuevos atisbos de viejas verdades.

Para que el desarrollo despierte el interés de los oyentes, tiene que contener aquel elemento que hará que la verdad adquiera validez ante ellos. Las palabras de las Escrituras tienen que venir a serles llenas de significado, en términos de sus propias situaciones vitales. Los personajes de la Biblia tienen que ser presentados ante los oyentes, de manera que puedan ver sus propias circunstancias, tentaciones y fracasos, retratados en las experiencias de los hombres y mujeres de la Biblia. Las secciones proféticas de las Escrituras tienen que ser interpretadas para mostrar su pertinencia ante los problemas y necesidades, tanto nacionales como personales, de la actualidad. Las secciones didácticas y exhortativas debieran, también, aplicarse directamente a la escena contemporánea. Sólo al relacionar las Escrituras con los hombres y mujeres, en sus condiciones actuales, podemos esperar que el mensaje que predicamos tenga para ellos un significado vital.

7. Variedad

El predicador que trate de infundir a sus sermones un frescor permanente y un vigor renovado, tiene que cuidarse de que el desarrollo contenga variedad. No sacará todas sus citas de *El Quijote*, ni todas sus ilustraciones de sus propios niños. Al contrario, se esforzará en recoger los materiales de su desarrollo, de todas las fuentes que tenga a su disposición, modernas y antiguas, que puedan aplicarse con eficacia.

Es innecesario decir que, a la vez que el predicador tiene que procurar dar variedad, tiene que cerciorarse, también, de que el material que emplea es de interés humano. Las anécdotas y el material factual, que estén relacionados con los casos o circunstancias en que se hallan hombres y mujeres, o que convocan las emociones y simpatías humanas, suscitarán la atención con toda seguridad. Pero el predicador no tiene que contar historias trágicas, sólo para hacer llorar a la gente. Más bien, el material introducido en el desarrollo, debería tener una interacción vital con los corazones de los individuos.

Es preciso decir algo acerca del uso del humor. Hay hombres tan llenos de ingenio, que sus sermones rebosan de buen humor. Pero hacer reír a la gente por el mero hecho de hacerles reír, se sale de lo solemne y sagrado de la tarea del predicador. Por otra parte, hay un lugar en el púlpito para un humor santificado. El predicador puede conducir a sus oyentes a un punto en el mensaje en que se llenen de tensión e interés. La introducción de un rasgo de ingenio, que suscite las risas, quebrará frecuentemente la tensión, y condicionará a la gente a escuchar con un interés aún mayor.

FUENTES DE MATERIAL PARA EL DESARROLLO

El predicador puede extraer material para el desarrollo de cinco fuentes principales.

1. La Biblia

La Palabra de Dios es un fondo inagotable de material para el desarrollo o elaboración de las ideas contenidas en cada división del sermón. De la Biblia conseguimos nuestros principales materiales de exégesis.

Es, por ello, de la mayor importancia que el predicador se dé cuenta de qué es lo que el texto realmente dice. Mediante el uso de los pequeños interrogantes *quién, qué, dónde, cuándo, por qué* y *cómo*, tiene que intentar descubrir qué es lo que contiene el pasaje, y señalar sus hallazgos significativos.

Al hacer observaciones acerca de un pasaje de las Escrituras, el predicador tendrá que prestar atención a importantes estructuras gramaticales. En algunas ocasiones, unos verbos significativos, y los tiempos en que se usan, jugarán un papel importante en su apreciación del pasaje. Incluso una preposición o una conjunción, podrían ser la clave para abrir algún aspecto vital del texto.

El ministro tiene también que darse cuenta de las pautas literarias que se hallan a través de la Biblia. Éstas incluyen reiteración, comparación, contraste, intercambio, progresión e importancia. Por ejemplo, la repetida utilización por parte de Amós del clamor «Por tres pecados y por el cuarto, no revocaré su castigo», en los capítulos 1 y 2 del libro de Amós, lleva a la consciencia del lector, de una manera enérgica, la denuncia que hace Dios de los malvados vecinos de Israel, y el inminente juicio sobre Judá e Israel.

En ocasiones, alguna omisión significativa puede indicar algo lleno de sentido. Por ejemplo, en Lucas 10:30-35, cuando el Señor Jesús relató al doctor de la Ley la historia del buen samaritano, y le preguntó a continuación quién era el que había actuado como prójimo del hombre malherido, el experto le dijo: «El que usó de misericordia con él.» Obsérvese que el doctor de la Ley no dijo: «el samaritano». Evidentemente, este orgulloso judío, como sus compatriotas de aquella época, tenía un intenso odio contra los samaritanos, y no podía abrirse a admitir que el misericordioso extranjero que había actuado como prójimo, pertenecía a una raza que él despreciaba hasta lo sumo.

Por cuanto la Biblia se explica a sí misma, el estudiante debería recurrir constantemente a las Escrituras, cuando intenta explicar un texto o pasaje. Los pasajes paralelos juegan un importante papel en este aspecto, y el predicador no debiera dudar en citar las Escrituras, por muy familiares que puedan ser los textos, si se relacionan con el texto o pasaje que se esté interpretando. Otros puntos, que a primera vista puedan no tener una gran importancia, ligeros toques en la narración, o eslabones menores de la cadena de razonamiento, pueden también hacer aumentar mucho el interés y la vitalidad del discurso.

Además, la Biblia contiene ilustraciones apropiadas para casi cada ocasión. El conocimiento de las secciones históricas de la Biblia, le dará al predicador un vasto fondo de vitales y poderosas ilustraciones, que serán útiles para iluminar otros pasajes que, a primera vista, pueden parecer totalmente carentes de relación.

Cuando se hagan observaciones acerca de un pasaje de las Escrituras, será a menudo útil la recreación del texto en forma de despiece mecánico, como el que hemos mostrado en el capítulo 3 de este libro para Lucas 19:1-10, a fin de descubrir puntos que, de otra manera, pudieran pasar desapercibidos. Por ello, sugerimos que el lector vuelva a examinar el despiece del relato de Zaqueo, y que, a continuación, observe los siguientes puntos que hemos señalado de esta narración.

(Vv. 1-4):   No hay ninguna razón aparente por la que Jesús fuera a Jericó, pero cp. v. 10: «El Hijo del Hombre ha venido a buscar...»
Así, la iniciativa fue de Cristo.
Búsqueda de Jesús por parte de Zaqueo.
  Decidida: No sólo para ver a Jesús, sino para ver quién era Él.
  Persistente: A pesar de las dificultades halladas.
  Ingeniosa: Se subió a un árbol, desde donde podría ver sin estorbos.
Personalidad de Zaqueo (vv. 2, 5, 7, 8).
  Deshonesto, codicioso, notoriamente malo, odioso, despreciado por los demás.

(Vv. 5-7):   Jesús llegó a donde estaba Zaqueo.
  Miró hacia arriba, a donde estaba Zaqueo.
  Se dirigió a él por su nombre.
  Le señaló entre todos los demás.
  Se invitó a sí mismo a su casa.
El amor de Jesús por Zaqueo:
  Le amó a pesar de su mal carácter.
  Le dio Su amistad cuando nadie más se preocupaba por él.
Respuesta de Zaqueo:
  Inmediata, anhelante, gozosa.

(Vv. 8-10):   Declaración de Zaqueo:
                Llamó a Jesús «Señor», por ello se sometió
                a Él.
            Se comprometió públicamente a:
                Dar la mitad de sus bienes a los pobres,
                por ello, a volverse generoso.
                Hacer restitución en lo que fuera nece-
                sario, y de ahí a volverse honesto.
                Así, Zaqueo fue un hombre transformado.
            Declaración de Jesús:
                Afirmación de la salvación de Zaqueo: Su
                salvación no iba a tener lugar en el fu-
                turo, sino que ya había tenido lugar.
            Declaración del propósito de Cristo:
                Buscar y salvar al perdido.
                Zaqueo, el que había estado perdido, fue
                salvado.
                Los que se creían justos en Jericó (v. 7)
                ¡siguieron perdidos!

Hay muchas más observaciones que se podrían hacer acerca de Lucas 19:1-10. Éstas son, no obstante, suficientes para indicar que, como resultado de una meditación en oración y de una cuidadosa observación, es posible hacer muchos vitales descubrimientos en una unidad de las Escrituras. Sugerimos, por ello, que éste puede ser un procedimiento muy útil para el principiante que trata de descubrir por sí mismo, sin la ayuda de fuentes extrabíblicas, hechos significativos en un pasaje.

2. Otras formas de literatura

Incluimos bajo este encabezamiento, cualquier otro tipo de literatura que pueda ser útil en la elaboración del sermón.

Algunos tipos de literatura serán de natural más útiles que otros. Los comentarios críticos, expositivos y devocionales, los libros devocionales y los himnarios, serán de particular utilidad. Las biografías cristianas constituirán otra importante fuente de material. Los manuales y diccionarios bíblicos, así como los libros sobre arqueología y de las gentes y costumbres de los tiempos y de las tierras de la Biblia, darán atisbos y enfoques para muchas porciones de las Escrituras. Los sermones publicados de grandes predicadores también serán de utilidad.

Pero el estudiante no tiene que limitarse a la literatura religiosa. Las fuentes de material para desarrollar su bosquejo de sermón, pueden venir de la literatura relacionada con cualquier campo del conocimiento. Por ejemplo, la ciencia y la medicina son dos áreas de las que el predicador puede extraer mucho material valioso, particularmente cuando pueda presentar descubrimientos recientes en estos campos, en relación con hechos y verdades de la Biblia. Sin embargo, cuando use términos técnicos, será necesario que el ministro explique las expresiones que emplea. Cuando hable con respecto a hechos fuera de su propio campo de la teología, es bueno también que apoye sus afirmaciones, dando referencias a fuentes autorizadas.

Naturalmente, el predicador no puede dejar de lado el periódico ni las revistas de actualidad. Con ello se mantendrá al corriente de lo que sucede, y le servirán como fuente de materiales que puede entrelazar en el desarrollo del sermón.

3. La experiencia

La experiencia personal del ministro es otro medio de gran valor para la expansión de las divisiones del sermón. Cuando el predicador pueda contar lo que él ha tenido que pasar o sufrido o visto por sí mismo, podrá hablar con una convicción y viveza inconfundibles. Sus palabras dejarán la impresión de que sabe de qué está hablando.

Algunos pastores se excusan por referirse a sí mismos mediante expresiones como: «Espero que se me perdone por la siguiente referencia a mí mismo.» Por lo general, esto es innecesario. Por otra parte, cuando el predicador relata un incidente de su propia experiencia personal, debiera tener cuidado de no atraer la atención indebida sobre sí mismo. Su único propósito debiera ser el de glorificar al Señor, y dar a su gente una comprensión más profunda del texto que quiere interpretar. Apenas si será necesario señalar que nunca, bajo ninguna circunstancia, debiera el predicador relatar como experiencia personal algo que no sea cierto.

El orador debiera también tener cuidado, cuando relate algún acontecimiento, que los nombres o referencias a individuos no delaten su identidad, en particular cuando el incidente tenga que ver con algo de naturaleza personal o perjudicial en relación con las personas involucradas.

4. La observación del mundo a nuestro alrededor

La vida abunda en hechos, algunos de ellos con un carácter de aparente trivialidad, que pueden añadir mucho al interés de un sermón, si tan sólo el ministro tiene ojos para ver, y una mente para percibir la relación de lo diario con las verdades espirituales contenidas en las Escrituras. El Señor Jesús utilizó como lecciones materiales los lirios del campo, las aves de los cielos, la semilla de la tierra, los peces del mar, e incluso el cabello. De la misma manera, el predicador, allí donde pueda ver, puede encontrar en los asuntos diarios de la vida, una abundancia de material, que mediante el uso juicioso y eficaz de lo común, puede dar vida e interés a sus discursos.

5. Imaginación

Al predicador le es posible suscitar imágenes mentales, que pueden añadir mucho a la eficacia de un desarrollo. Estas ideas crearán un elemento de originalidad y de sorpresa, y añadirán un ambiente de novedad al tratamiento del tema. El uso de la imaginación en un sermón puede, así, llegar a ser un valioso aliado del predicador.

Sin embargo, hay unos límites que el ministro debe siempre imponerse cuando emplea imágenes mentales. Por una parte, tiene que asegurarse de que no da rienda suelta a su imaginación. Por ejemplo, es posible suscitar una imagen mental de un fuego a bordo de un barco y del terror de los pasajeros, que no pueden encontrar la manera de huir. Pero expresar las imágenes del avance de las llamas hacia las víctimas y el sufrimiento de éstas al ser abrasadas por ellas, sería un uso imprudente de las facultades de la imaginación. Además, el predicador debe evitar la creación de imágenes mentales fantasiosas o apartadas de la realidad. Esta práctica puede caer en el ridículo. Aun más, el predicador, cuando esté dando un sermón relacionado con una narración de las Escrituras, no debiera describir como cierto aquello que él sólo imagine o asuma ser lo que sucedió. Por ejemplo, sería incorrecto decir que los dos jóvenes que Josué envió como espías a Jericó eran apuestos y fuertes, y que cruzaron el Jordán en una balsa, cuando, en realidad, la Biblia no nos da información acerca de ello. Por otra parte, podemos indicar claramente que estamos hablando hipotéticamente. Podríamos decir: «Pensad en los dos espías. Podemos imaginarlos como dos jóvenes ágiles y fuertes, dispuestos a servir a su Dios y a su pueblo, Israel. Obedecieron la orden de Josué, y fueron, sin dudarlo, hacia la ciudad hostil.»

De lo que hemos afirmado, debiera quedar claro que el ejercicio de la imaginación puede jugar un papel vital en el desarrollo, y dar al sermón un toque de novedad e interés, que no se podría obtener de ninguna otra forma. Sin embargo, se tienen que aplicar dos reglas básicas en su utilización: primero, tiene que ejercerse con moderación, y segundo, debiera usarse siempre con buen gusto; esto es, se debiera evitar lo burdo o basto.

PROCESOS RETÓRICOS EN EL DESARROLLO DEL BOSQUEJO DEL SERMÓN

Hay varios procesos retóricos que se usan en la expansión o elaboración del bosquejo del sermón: explicación, argumentación, cita, ilustración y aplicación. Puede que no se empleen todos éstos en un solo sermón, pero su utilización vendrá determinada por la manera en que se desarrolla el bosquejo.

El orden en el que se usen estos procesos retóricos, dependerá de varias circunstancias y condiciones. En algunas ocasiones se puede hacer la aplicación antes de la cita o de la argumentación; en otros casos, podría darse una ilustración antes de una explicación; otras veces podría venir una cita antes de una explicación. La unidad del sermón y la apropiada progresión del mensaje indicarán el orden en el que se deben introducir estos procesos retóricos.

Debido a que, tanto la ilustración como la aplicación, son de especial significado en un discurso, dedicaremos todo un capítulo a cada uno de ellos. Ahora consideraremos detalladamente los otros tres procesos retóricos.

1. Explicación

Hemos dicho anteriormente que uno de los más importantes aspectos de un sermón es la explicación del texto. Esto es cierto, no solamente del sermón textual y expositivo, sino también del sermón temático, que se erige sobre una verdad bíblica. En otras palabras, siempre que el mensaje esté basado en las Escrituras, la porción o porciones del texto sagrado que se usan, deberían recibir una explicación clara y apropiada. Es este aspecto lo que le da al sermón el verdadero carácter de predicación bíblico, y que reviste al mensaje de autoridad. La Palabra de Dios viene, entonces, a ser la trama y el tejido del sermón, y cada parte importante del discurso se erige sobre el sólido fundamento de las Escrituras.

Pero el estudioso atento de las Escrituras se da cuenta pronto de que la divina biblioteca de los sesenta y seis libros fue escrita en muchos y diversos estilos literarios. Una parte considerable de la Biblia fue escrita en prosa. Esta prosa toma muchas formas: historia, profecía, epístolas, literatura apocalíptica y parábolas. Al mismo tiempo, una gran parte del Antiguo Testamento aparece en forma de poesía hebrea, con sus paralelismos distintivos. Se incluyen pautas literarias, tales como la repetición, el contraste, la ampliación de la idea, así como el frecuente uso de las imágenes y figuras de lenguaje.

Es por ello evidente, que cuando alguien se embarca en la interpretación de cualquier porción de las Escrituras, tiene que reconocer, en primer lugar, el tipo de literatura bíblica con el que está tratando, y después observar las leyes de hermenéutica que gobiernan su interpretación.

A. *Procesos involucrados en la explicación del texto*

Generalizando, los procesos involucrados en la explicación del texto se clasifican en dos categorías:

(1) El contexto
Uno de los procesos en la exégesis es el estudio del contexto, tanto del inmediato como del remoto. La observación del contexto es, frecuentemente, una ayuda para el oyente, así como para el predicador, para reconocer las limitaciones del significado de una palabra o declaración, e impide la distorsión del sentido propio del texto.

Supongamos, por ejemplo, que el predicador está hablando acerca de la segunda parte de Filipenses 2:12, que dice: «Ocupaos en vuestra salvación con temor y temblor.» El contexto inmediato muestra que el apóstol no hacía referencia a ningún esfuerzo por parte de los creyentes de Filipos, para tratar de obtener la salvación por las obras sino, como lo muestra la primera parte del texto, Pablo hacía referencia a la obediencia de los filipenses, no solamente cuando estaba presente con ellos, sino también durante su ausencia.

(2) Referencias cruzadas
Una exégesis apropiada incluirá también la correlación del texto con otros pasajes de las Escrituras. El ministro debiera hacer un frecuente uso de pasajes paralelos, comparando o contrastando el texto que desea explicar con otras porciones

de las Escrituras. Esto es especialmente cierto de muchas partes de los Evangelios, en los que un examen de los escritos paralelos de los evangelistas, arroja, en ocasiones, mucha luz sobre un texto, y capacita al oyente a ver más claramente el significado de un pasaje aislado. El predicador debiera, también, poder citar pasajes paralelos de memoria, pero siempre que no pueda citar un texto libremente, sería mejor que abriera las Escrituras y leyera de ellas el texto.

(3) Aplicación de las leyes del lenguaje

La sana interpretación de las Escrituras depende también de una aplicación de las leyes del lenguaje. Al llamarse la atención a alguna disposición gramatical significativa, a los matices o variaciones sutiles en el significado de ciertas palabras en el original, a una figura de lenguaje, a alguna forma de expresión especial, como la aparición de una metonimia o una sinécdoque, o a la etimología de una palabra, se puede ayudar mucho en la clarificación de un texto, que puede, por otra parte, parecer ambiguo para la persona media de la congregación.

Como ayuda en la interpretación de un pasaje, es a menudo eficaz, citar de otras traducciones o versiones. Hay que ser cuidadoso en la cita de una paráfrasis de las Escrituras, porque se tiene que recordar que, en tanto que una traducción es un intento de poner en otro idioma una representación exacta del texto original, la paráfrasis es un medio de representar al original con más libertad en la lengua vernácula.

Los escritos de muchos estudiosos y fieles eruditos son el resultado de su investigación bíblica, y contienen tesoros espirituales de gran ayuda en la preparación de sermones. El ministro debiera, por ello, hacer uso de comentarios normativos exegéticos, expositivos y devocionales en su estudio. Si encuentra una afirmación que es de particular aplicación, la puede citar literalmente en su sermón.

(4) Marco histórico y cultural

El marco histórico y cultural del texto, y los datos geográficos mencionados en el pasaje, pueden también tener una gran importancia en la dilucidación del significado del texto en su encuadre histórico. El uso de una buena enciclopedia bíblica, o introducción bíblica, o de un manual bíblico, será de gran ayuda para obtener información con respecto al marco histórico y cultural de un texto. La referencia a un atlas bíblico será frecuentemente útil, al dar una significativa información geográfica, pero el predicador debiera hacer un exhaustivo examen de las Escrituras mismas, a fin de descubrir el encuadre del pasaje.

Hemos considerado con cierta extensión la interpretación del texto, por cuanto la solemne obligación del predicador es la de explicar las Escrituras con claridad y fidelidad. A fin de llevar esto a cabo, debiera hacer una investigación exhaustiva del texto para llegar al significado que, honrada y rigurosamente, cree cierto. Está ligado, en toda honestidad, a decir a su congregación, no lo que él quisiera que significara el texto, no lo que la Iglesia prefiera que les diga, sino lo que, en buena conciencia, cree que significa.

Al tratar de explicar el texto, el ministro debiera evitar citar palabras y frases griegas y hebreas, pero, en cambio, debería mencionar cómo éstas pueden ser entendidas en la actualidad. De manera similar, debiera evitar referirse a aspectos de la gramática, incomprensibles para el oyente medio. Por ejemplo, decirle a la congregación que un cierto verbo está en tiempo aoristo, modo subjuntivo o voz activa, no será de valor particular para la mayor parte de los oyentes. De hecho, la frecuente referencia a la gramática de un texto, en las lenguas originales, tiende a confundir o a desviar la atención de la congregación, y deja la impresión de que el predicador está intentando exhibir su conocimiento de griego y de hebreo.

B. *Tratamiento de un pasaje problemático*

Indudablemente, surgirán ocasiones en que el predicador tendrá que tratar con un pasaje difícil. En lugar de hacer afirmaciones dogmáticas propias con respecto al significado del texto, sería más prudente que respetase las interpretaciones de fieles eruditos, particularmente si éstas han recibido amplia recepción por los cristianos en el pasado. Por otra parte, si después de un diligente estudio, el ministro es incapaz de llegar a una conclusión satisfactoria con respecto a la interpretación correcta de un texto oscuro, debiera tener la precaución de no oscurecerlo aún más a su congregación con un pobre intento de explicarlo. Siempre que la propia investigación del predicador en busca de una solución resulte fallida y no pueda clarificar el sentido, sería mejor que admitiera la dificultad, y prosiguiera adelante, con el tratamiento de aquellas verdades que sí puede explicar adecuadamente.

El predicador debe poner en claro el significado a su congregación, pero, como regla general, los oyentes se fatigarán si la interpretación toma mucho tiempo. Como hemos indicado anteriormente, la gente no necesita el proceso del estudio exegético del ministro, sino sus resultados.

Antes de dejar el tema de la explicación, deberíamos llamar la atención, como lo hicimos en el capítulo 3, sobre un peligro peculiar a que se halla expuesto el predicador joven.

C. *Tratamiento de los detalles*

Habiendo estudiado los detalles del texto de manera exhaustiva, y habiéndose interesado en ellos, el predicador se ve con frecuencia tentado a comentar acerca de un mayor número de puntos que los que le permitirá el tiempo de su sermón. Así, el discurso queda tan saturado, que sus oyentes le siguen con dificultad, y pocos de los numerosos puntos presentados pueden quedar presentes en sus mentes. El predicador tiene que proponerse resueltamente omitir muchos detalles, y adoptar la decisión de elegir solamente aquello que demande una explicación especial y que, al mismo tiempo, vaya a resultar en un tema importante y lleno de interés. En otras palabras, tiene que tratar solamente aquellos aspectos notables del texto, que contribuyan a entretejer el punto principal que el sermón quiere comunicar.

De pasada, cuando el predicador considere necesario descartar ciertos puntos y hechos valiosos en el texto, que no son pertinentes para el sermón que están preparando, este material le puede ser de un gran valor para el futuro. Al proseguir su estudio de las Escrituras, irá adquiriendo un conocimiento mayor de la Palabra, y aprenderá que los detalles que deja a un lado en un sermón, pueden servir perfectamente para el desarrollo o ampliación de otro.

El estudioso diligente de la Biblia encontrará también, que en el examen de los detalles o de las palabras significativas de un pasaje, puede descubrir los principios o verdades que el texto sugiere. A su vez, estos principios o verdades pudieran indicar el tema o idea dominante del sermón. En otras palabras, en lugar de intentar, ya de entrada, la formulación de la tesis o proposición, y a partir de allí construir el bosquejo y después examinar los detalles del pasaje, puede invertir el orden del procedimiento.

2. Argumentación

A. *Valor de la argumentación*

La argumentación recibe un importante puesto en las Escrituras, y por cuanto con frecuencia tiene mucho peso en un sermón, el predicador no debiera dudar en usarla. La argumentación constituye también un poderoso medio para expandir un bosquejo de sermón, y en algunos discursos es esencial la presentación de evidencias válidas. El razonamiento metódico satisface la demanda del intelecto humano de una base firme para creer, y una afirmación que pueda ser corroborada por pruebas positivas viene, por ello, a poseer una gran autoridad.

Además, los tiempos en que vivimos, hacen necesario que el ministro del Evangelio dé una certeza clara y adecuada a los creyentes de lo razonable de su fe. Algunos jóvenes en la iglesia pueden haber recibido los embates de la duda o haber sido asaltados en sus centros de enseñanza por críticos hostiles a la Palabra de Dios; otros pueden levantar objeciones a las normas cristianas; otros pueden verse perplejos por hallazgos arqueológicos y otras interacciones académicas en relación con la Biblia. Por ello, es de gran importancia que el sermón contenga con frecuencia evidencias bien documentadas, que instilen en las mentes de las personas una certeza válida de que los fundamentos de la fe cristiana reposan sobre un fundamento sólido de verdad sobrenatural revelada, y que los principios éticos de la revelación divina son válidos en la producción de un verdadero carácter cristiano y una conducta recta.

B. *Métodos de argumentación*

Hay varias maneras en las que el siervo del Señor puede verificar la verdad en las mentes de su congregación.

(1) Uso de las Escrituras

El primero y principal método es el uso de las Escrituras. Cuando el predicador puede mostrar en su sermón que: «Así ha dicho el Señor», está hablando con una autoridad que demanda la confianza de sus oyentes. La gente se da cuenta de que el ministro no está expresando sus propias opiniones o ideas, sino que está declarando unas proclamas divinas que ellos no tienen derecho a contradecir ni a negar. Pero, en sus esfuerzos para persuadir, el predicador debería emplear la Santa Palabra de una manera inteligente y apropiada. Los textos de prueba no debieran ser forzados fuera de su contexto, y la interpretación debiera siempre estar en consonancia con el significado que querían expresar los escritores sagrados.

(2) Razonamientos lógicos

Otro método de argumentación es mediante el razonamiento; esto es, el uso de los procesos lógicos para llegar a una conclusión, o para llevar a las personas a la decisión. El argumento de la analogía, de causa a efecto, de efecto a causa, o por evidencias acumulativas, así como por inducción y deducción, son varias formas de retórica persuasiva.

La Biblia contiene numerosos ejemplos de razonamiento lógico, pero para nuestro propósito será suficiente mencionar unos pocos ejemplos de polémica bíblica. El llamamiento final de Josué a los ancianos y al pueblo de Israel contiene prueba tras prueba de la bondad del Señor hacia ellos, a fin de retarlos a un servicio leal a Dios. El mensaje de Pedro en Pentecostés establece la validez de la resurrección de Cristo sobre la base de las Escrituras del Antiguo Testamento, del testimonio personal de los seguidores de Cristo acerca de Su resurrección, y del derramamiento del Espíritu Santo sobre los creyentes. El discurso de Esteban ante el concilio de los judíos, contiene una serie de evidencias de la actitud reprensible de Israel hacia el Señor, que llega hasta la sentencia sobre ellos por el asesinato de su propio Mesías. La misma Epístola de Pablo a los Romanos es un tratado acerca de lo razonable de la justificación por la fe.

Cristo mismo empleó la argumentación. Obsérvese Su lógica cuando exhortaba a Sus seguidores a reposar en la certeza del cuidado que tenía hacia ellos su Padre celestial. Usando la ilustración de las flores y de la hierba, razonaba Él: «Y si la hierba del campo, que hoy es, y mañana se echa en el horno, Dios la viste así, ¿no hará mucho más a vosotros, hombres de poca fe?» (Mateo 6:30). El Señor Jesús también argumentaba cuando era retado por Sus enemigos. Por ejemplo, cuando los fariseos afirmaron que Él lanzaba afuera los demonios por el poder de Beelzebub, Él contradijo su perversa acusación, argumentando que una casa dividida contra sí misma no podría mantenerse, y que si Satanás se dividía contra él mismo, tampoco su reino podría permanecer.

(3) Testimonio

Un tercer tipo de argumentación es por medio del testimonio. Este método puede ser clasificado apropiadamente bajo el título de razonamientos lógicos, debido a que la prueba sólo puede quedar establecida por evidencias. El valor del testimonio depende de su validez intrínseca. Ya que ello es así, debiéramos señalar los factores que están involucrados en el establecimiento de la veracidad de un testimonio. Uno de éstos es la cantidad de testigos. Cuanto mayor sea su número, tanto más fuerte será la evidencia, siempre que los hechos queden apoyados por el testimonio de ellos. Otro factor es el carácter de los testigos. El conocimiento, honradez y sinceridad de los testigos contribuirán, todo ello, al establecimiento de la credibilidad y veracidad de sus afirmaciones. Finalmente, la naturaleza de los hechos de los que dan testimonio los testigos también cuenta para la aceptación de su evidencia.

Una forma de testimonio consiste en la utilización de datos o hechos estadísticos. Cuando el predicador puede presentar unas cifras o unos hechos significativos como argumentación, con ello se apoya en sólidas evidencias para confirmar su postura. Pero cuando se apoya en tales materiales, tiene que cerciorarse de que su información es exacta, y, a fin de poder documentar ante todos la validez de lo que está diciendo, puede que, en ocasiones, sea necesario citar las fuentes de las que consigue sus datos. Los datos incorrectos, extraídos de fuentes dudosas, podrían dar la impresión de que el ministro es superficial, o de que ha intentado conducir a su congregación a un terreno falso, mediante afirmación sin base.

(4)   Secuencia lógica en un bosquejo de sermón

La disposición ordenada de un bosquejo de sermón en una secuencia lógica puede ser también un medio de persuasión, particularmente cuando el bosquejo es de un tipo como para poder demostrar un punto concreto. Si, por ejemplo, tomamos como nuestra tesis: «La Palabra de Dios puede operar en formas maravillosas en la vida de un individuo», podemos pasar a dar evidencias de las mismas Escrituras acerca de su poder. Construimos un bosquejo como el que sigue:

Título: «*El poder de la Palabra de Dios*»

      I.   Tiene poder para avivar la vida espiritual (1.ª P. 1:23)

II. Tiene poder para purificar (Jn. 15:3)
III. Tiene poder para santificar (Jn. 17:17)
IV. Tiene poder para producir crecimiento espiritual (1.ª P. 2:2)

C. Precaución en el uso del argumento

Concluimos esta sección acerca de la argumentación con algunas palabras de consejo. Algunos predicadores, en su celo por la verdad, parecen estar obsesionados con la idea de que están llamados a ser defensores de la fe, y por ello llenan sus sermones con disputas o ataques virulentos contra todos los que difieren de ellos. En su *Discursos a mis estudiantes*, Charles H. Spurgeon habla de este tipo de hombre como yendo alrededor con un «revólver teológico», listo para disparar a cualquier que pueda parecer heterodoxo o que no esté de acuerdo con sus puntos doctrinales. Una actitud tan contenciosa está totalmente en desacuerdo con el espíritu cristiano, y es susceptible de tener muchos efectos dañinos. Aunque es cierto que debiéramos «contender ardientemente por la fe», no es preciso ser contenciosos.

El hombre de Dios no sólo debiera evitar una actitud de censura o de contención en su predicación, sino que debería ser también cuidadoso en no provocar la hostilidad de sus oyentes, mediante el ridículo o el sarcasmo. La polémica bíblica puede, en ocasiones, demandar lo que William W. Ayer describe como «un sarcasmo santificado», como el de Elías cuando ridiculizaba a los cuatrocientos profetas de Baal en el monte Carmelo, pero como norma general es mejor adherirse a los argumentos sanos, lógicos e irrefutables.

Otro aviso acerca de la utilización de los argumentos. Cuando un sermón consiste en una gran cantidad de argumentación, es probable que se haga pesado y aburrido. Las estadísticas y otros datos detallados, citados como evidencia para un caso dado, pueden ser de todo menos interesantes. Por ello, el orador debería desarrollar la capacidad de expresar sus argumentos y evidencias de manera tan habilidosa, que sean gráficos e interesantes para su audiencia. Por ejemplo, en lugar de decir que hay aproximadamente mil millones de personas en China, será mucho más significativo para ellos decirles que de cada cuatro hombres en el mundo, uno es chino; que de cuatro mujeres en el mundo, una es china; de cada cuatro niños en el mundo, uno es chino, y que de cada cuatro niñas en el mundo, una es china.

3. Citas

Las citas pueden añadir mucho al desarrollo del bosquejo del sermón. La cita de un dicho apropiado en un momento adecuado, da vigor y fuerza al mensaje. El predicador debería usar citas en sus sermones, pero debiera mantenerse en guardia para no emplearlas en demasía.

Señalemos cuatro tipos de citas que pueden ser usadas en un discurso.

A. *Textos de las Escrituras*

Ya hemos hecho mención a las citas de la Biblia en un sermón, pero vale la pena repetir que nada otorga más autoridad al sermón, que una cita adecuada de las Escrituras. Aunque el mensaje pueda ser una exposición de un pasaje, la cita de un pasaje paralelo sirve para empujar la verdad hacia los oyentes. Pero, incluso en la cita de las Escrituras, el predicador tiene que cerciorarse de que los textos son a la vez apropiados y pertinentes.

B. *Breves citas significativas*

Estos dichos pueden tener en ocasiones la forma de un refrán, como: «Un amigo en la necesidad es un amigo de verdad», «Más vale pájaro en mano que ciento volando», o «Hombre prevenido vale por dos». También pueden usarse con provecho refranes y proverbios de otras naciones. Los chinos tienen un adagio que dice: «Quien permanece en el barro se queda adherido a él»; otros proverbios chinos dicen: «Las torres más elevadas empiezan desde el suelo»; «Un sabio ve una oportunidad en una dificultad; un insensato ve una dificultad en una oportunidad»; «Por el camino que un hombre quiere ir, allí sus pies le llevarán»; «Una cosa que se ha adquirido con dolor es mejor que cien adquiridas con facilidad».

Un segundo tipo de cita expresiva breve consiste en verdades espirituales específicas afirmadas en términos concisos. Aquí tenemos unos cuantos de estos dichos:

> «El servicio a Cristo no es exceso de trabajo, sino un rebosamiento.»
> «Fuera de la voluntad de Dios no hay éxito; en la voluntad de Dios no hay fracaso.»
> «Nuestras grandezas son pequeñas para Su poder; nuestras pequeñeces son grandes para Su amor.»
> «Poco es mucho cuando Dios está ahí.»
> «Tengo una gran necesidad para Cristo; tengo un gran Cristo para mi necesidad.»
> «El lugar más elevado al que podemos llegar en esta vida es a estar postrados a los pies de Jesús.»
> «Ser pequeños con Dios es ser pequeños para Dios.»

El predicador debiera recoger y organizar estos dichos sentenciosos, a fin de tenerlos fácilmente disponibles cuando los necesite. Si la cita de un aforismo ha de ser eficaz, debiera ser hecha de memoria, pero el orador ha de cerciorarse de que no contiene una verdad a medias, una exageración, o una distorsión de la verdad.

C. *Afirmaciones de fuentes autorizadas*

Las afirmaciones significativas, sacadas de fuentes autorizadas, constituyen otro tipo de cita provechosa en el desarrollo de un sermón. No es necesario que estas afirmaciones pertenezcan a una línea enteramente teológica. Más bien, tienen que tener relevancia para el mensaje.

Si, por ejemplo, el predicador está hablando acerca de la guerra espiritual y está tratando de destacar la necesidad de resistir penalidades como buen soldado de Jesucristo, puede citar la siguiente afirmación acerca de la disciplina que los soldados deben tener, para mostrar el paralelo con la instrucción del soldado cristiano para el servicio del Señor. Esta afirmación fue hecha por el general de brigada John H. Hay, comandante de la brigada Berlín del Ejército de los Estados Unidos, y apareció en la revista *Billings Gazette*, de Billings, Montana, el 13 de julio de 1965.

> Los soldados deben estar orgullosos de sí mismos. Si no están orgullosos, si no están bien disciplinados, hemos perdido el tiempo. Ésta es la primera prioridad. El soldado debe estar bien en alto.

Para otro ejemplo del uso de una afirmación significativa, citamos un artículo de *The Oregonian* del jueves, 25 de mayo, 1967. Este artículo era un discurso de Larry Dotson, un ex convicto, ante una clase de cuarenta chicos y chicas en un instituto de Portland, Oregón, describiendo su vida en la penitenciaría:

> Cuando la oscuridad y el silencio de las horas de la noche envuelven una gran cárcel, cada convicto tiene ante sí el espectro de su vida malgastada como compañero de celda.
>
> Y a altas horas de la noche, cuando todos piensan que todos los demás están durmiendo, es cuando uno puede oír el llanto... hombres de 35 y 40 años llorando. Entonces es cuando uno sabe que aquello es una inmensa miseria, todo ello.

Hay en esta descripción una singular correspondencia con la imagen que se da en la Palabra de Dios acerca de la cárcel donde quedarán reservados hombres y mujeres no arrepentidos para «la oscuridad de las tinieblas», para siempre, donde será «el lloro y el crujir de dientes».

En el curso de la predicación, es bueno que el ministro mencione al autor de la cita y, bajo circunstancias especiales, la fuente de donde lo ha sacado. En particular, debería decir el nombre de un autor cuando está tratando un tema de controversia, si la misma mención del nombre del autor puede dar apoyo a su afirmación.

Hay otros varios principios a señalar en relación con la cita de declaraciones. El predicador debiera estar siempre seguro de que las citas son exactas y verdaderas. Si es necesario, en un caso determinado, usar una cita que no representa sus propias convicciones, tendría que poner en claro que aquella cita no está de acuerdo con su propia manera de pensar. Cualquier cita o afirmación que pueda ser difamatoria del buen nombre o carácter de una persona, incluso aunque esté corroborada por evidencia pública, debiera ser estrictamente evitada. El hecho de hacer afirmaciones de esta naturaleza acerca de un individuo o institución puede exponer al predicador a acusaciones por calumnia o difamación en los tribunales. Finalmente, el predicador no debería recurrir a citas largas.

D. *Poesía*

La cita de poesía tiene su lugar en un sermón. Los himnos que contengan elevadas expresiones de adoración o que hablan de los profundos anhelos del alma, son una fuente valiosa de citas para mensajes de carácter devocional. Los himnos que hablan de consuelo bajo las pruebas, pueden ser utilizados en los sermones acerca del sufrimiento y de la prueba. Otros tipos de cánticos sagrados pueden ser citados en relación con varias formas de discurso. La poesía secular, cuando se cite de una manera capaz, se puede usar también ventajosamente en el desarrollo del bosquejo del sermón.

En la utilización de la poesía, el predicador tiene que asegurarse de que las selecciones no sean demasiado largas. Cuando cite de un himno, una o dos estrofas serán generalmente suficientes. En ocasiones, la cita de dos líneas puede ser más eficaz que la utilización de una estrofa entera.

La familiaridad de la congregación con un himno no milita en contra de su valor como fuente de la cita; de hecho, la misma familiaridad de la gente con el himno puede, a menudo, añadir a su interés cuando oigan una sección de éste citado en un sermón.

Pero no debe abusarse de las citas de poesía, no importa lo adecuadas o expresivas que éstas sean. Como con el uso de otras formas de citas, el predicador tiene que evitar el uso demasiado frecuente de la poesía.

EL MÉTODO DE REGISTRAR LOS PROCESOS RETÓRICOS EN LAS NOTAS DEL SERMÓN

Cuando esté redactando las notas de su sermón, el predicador debiera prepararlas de tal manera que pudiera ver de un vistazo qué es lo que ha de decir. Cada afirmación en la expansión del bosquejo del sermón debiera ser tan concisa como fuera posible, en consonancia con su legibilidad. En lugar de usar oraciones completas, el ministro debería usar frases breves siempre que le sea posible. Las palabras largas pueden frecuentemente abreviarse a unas pocas letras.

Por mor de la claridad, cada nueva idea debería ser puesta en una línea por sí sola, y el material bajo cada división y subdivisión debiera quedar indentado, de manera que las notas bajo cada sección del bosquejo queden evidentes con un golpe de vista.

El desarrollo del bosquejo «Ganado por amor», sacado de Lucas 19:1-10, se da a continuación como ejemplo de un bosquejo expandido de un sermón. Obsérvese la brevedad de las afirmaciones y el uso de la indentación.

Hemos redactado a propósito todas las transiciones al completo, a fin de que el estudiante pueda constatar cómo las transiciones adecuadamente expresadas suavizan el fluir de las ideas de una sección principal del discurso a la siguiente.

Introducción:
A. La Biblia describe la conversación de varios casos desesperados», por ejemplo, María Magdalena, el endemoniado de Gadara, la mujer de Samaria.
B. Probable razón para descripción: Para alentarnos a nosotros acerca de la salvación de los «casos desesperados».
C. Zaqueo, otro caso desesperado.

Proposición:
El Señor se deleita en ganar a un individuo que a nosotros nos parece un «caso desesperado»
Oración interrogativa:
¿Cómo podemos ver por la narración acerca del Zaqueo que esto ese cierto?
Oración de transición:
La consideración de tres hechos principales en este pasaje en relación con Zaqueo nos revelará cómo el Señor se complace en ganar a alguien que parece un «caso desesperado».

I. La búsqueda de Jesús en pos de Zaqueo (vv. 1-4)
A. La manera (v. 1)
Discreto y no espectacular, pero cp. v. 1 con v. 10. El propósito singular de Cristo al ir a Jericó: buscar a Zaqueo, principal de los publicanos.
Publicanos:
Recaudadores de impuestos en Palestina como funcionarios del gobierno romano, notorios por extorsión, corrupción (cp. v. 8). Zaqueo rico como resultado de avaricia, fraude.
B. El efecto de ello (vv. 2-4)
La llegada de Cristo creó un deseo consumidor en Zaqueo de ver a Jesús. «Procuraba», literalmente, «intentaba una y otra vez», pero no podía. Era bajo. Tan aborrecido (v. 7) que probablemente nadie quería ayudarle a ver a Jesús. Por ello, subió a un árbol.
Comentaristas:

Razón para el deseo de Zaqueo: Curiosidad,
pero comparar referencias anteriores en Lucas
al interés de Cristo hacia los publicanos (p. ej.,
Lc. 15:1-2; 18:9-14). Zaqueo, probablemente,
oyó por otros publicanos: La bondadosa actitud
de Cristo hacia hombres como él mismo, por
ello; «Procuraba ver quién era Jesús». Pero mucho antes de que Zaqueo buscara a Jesús, Jesús
le buscaba. Zaqueo no hubiera buscado a Jesús si
Jesús no le hubiera buscado primero. Como pastor, dejando a 99 para buscar oveja perdida,
Cristo fue a Jericó a buscar a este perdido pecador.

> «El Rey de gloria el cielo dejó,
> Pobre, humilde al mundo llegó;
> Dolor y muerte de cruz Él sufrió,
> Me busca a mí, a mí.»

Ilustración:
Lady Huntington de Inglaterra, ferviente cristiana, fue a visitar a un hombre inconverso muriendo. El hombre clamó en su agonía: «¡Me
estoy muriendo y estoy perdido!» Huntington:
«Gracias a Dios por esto.» Agonizante sorprendido: «¿Cómo puede dar gracias a Dios por
esto?» Huntington: «Porque Hijo del Hombre
vino a buscar, a salvar a los perdidos.»
Pero si los perdidos han de ser ganados, nosotros, como Cristo, tenemos que ir tras ellos,
uno tras otro.

Transición:
Hemos visto que debido a que el Señor se complace en ganar «casos desesperados» Él fue en
busca de Zaqueo. Pero la narración acerca de
Zaqueo nos llevó a observar otro hecho significativo en relación con este hombre, esto es:
Atrayendo a

II. Trabar amistad con Zaqueo (vv. 5-7)
  A. La manera (v. 5)
      Cristo se dirigió a Zaqueo por su nombre; se in-
      vitó a sí mismo a su casa.

Razón:
Zaqueo sin amigos; la ciudad entera le consideraba un hombre de mala reputación (cp. v. 7). El escritor griego Luciano clasificaba a los recaudadores de impuestos «como adúlteros, alcahuetes, aduladores y parásitos».
Así, Cristo viene a decir: «Aunque todos te aborrezcan, quiero ser tu amigo».
«Date prisa» sugiere el gran deseo de Cristo de venir a ser su amigo.

B. El efecto de ello (vv. 6-7)
Al oír su propio nombre, Zaqueo, probablemente, se dio cuenta de que, aunque Cristo lo sabía todo acerca de él, sin embargo, deseaba ser su amigo, y por ello se apresuró, recibiéndolo gozoso: abrumado de gozo por haber hallado un amigo.
Así, el amor encontró el camino al corazón de Zaqueo. Los perdidos pueden ser ganados cuando, como Cristo, amemos a los no atractivos, los alcancemos con bondad, los ganemos abriéndonos a ellos.

Ilustración:
La salvación de un sargento por la bondad de un soldado raso cristiano.

Transición:
Hemos considerado ahora dos hechos importantes en estos versículos con relación a la salvación de este «caso desesperado». Pasemos ahora a ver un tercero, y éste es:

III. La salvación de Zaqueo (vv. 8-10)
A. La evidencia de ella (v. 8)
1. Una actitud cambiada: «He aquí, *Señor.*»
Antes de esto Zaqueo había vivido para sí. Ahora se ponía bajo el señorío de Cristo.
2. Una vida cambiada.
De ser egoísta y malvado a ser un hombre generoso y amante. El amor de Jesús entró de tal manera en su corazón que produjo amor:

a) En dar a otros: «La mitad de mis bienes doy a los pobres.»

La norma de Zaqueo para dar: No un diezmo, sino la mitad.

Nota: «Doy»: Tiempo presente, indicando una norma continua.

b) Propósito de hacer restitución: «Lo devuelvo cuadruplicado.»

Ley del Antiguo Testamento: cuando alguien confesaba el crimen de hurto, tenía que devolver lo robado y añadir un quinto (Nm. 5:7), pero obligación que Zaqueo se impuso: cuatro veces.

También Cristo puede en el día de hoy transformar casos desesperados. 2.ª Co. 5:17: «De modo que si alguno está en Cristo, nueva criatura es.» Si no se evidencia un verdadero cambio en la vida, se puede dudar que haya verdadera salvación.

«La naturaleza nos forma.
El pecado nos deforma,
La escuela nos informa,
Sólo Cristo nos transforma.»

B. La declaración de ella (vv. 9-10)

«Salvación», lit., liberación (del pecado).

«Hijo de Abraham» (cp. Gn. 15:6 y Gá. 3:7).

Como Abraham creyó a Dios y fue contado justo, así Zaqueo creyó en Cristo y vino a ser descendiente espiritual de Abraham.

Hechos 10:43: «Todos los que en él creyeren recibirán perdón de pecados en su nombre.»

Transición:

¡Cuán claramente nos revela esta narración acerca del entablamiento de amistad y de la salvación de Zaqueo, que el Señor se deleita en ganar a un individuo que a nosotros nos pueda parecer un «caso desesperado»! Es evidente que esto debería darnos seguridad acerca de la salvación de aquellos a quienes podamos considerar como «casos desesperados».

Conclusión:

A. Cristo puede salvar y transformar los casos desesperados cuya salvación anhelamos.

B. Cristo quiere usarnos como instrumentos para ganar casos desesperados por la manifestación de Su amor por medio de nosotros.

Nótese que, además de la verdad intemporal contenida en la proposición del anterior bosquejo expandido, hemos afirmado otros tres principios en el curso del mensaje. Bajo la primera división principal tenemos la siguiente afirmación: Si los perdidos han de ser ganado, entonces nosotros, como Cristo, tenemos que ir tras ellos, uno tras otro. Bajo la segunda división principal hemos expresado la siguiente verdad permanente: Los perdidos pueden ser ganados cuando nosotros, como Cristo, amemos a los que carecen de atractivo. Bajo la tercera división principal, antes de llegar al segundo subpunto, hallamos la última verdad intemporal: que Cristo puede hoy transformar casos desesperados.

Otra forma de tratar Lucas 19:1-10 es buscar en el pasaje principios o verdades que el texto sugiere. Podemos empezar con la siguiente tesis: «Para Jesús no hay casos desesperados.» Usando esto como nuestra proposición, buscamos ahora ciertos principios relacionados con la tesis. Al considerar estos versículos, descubrimos tres razones por las que podemos tener la certeza de que para Jesús no hay ningún caso que sea desesperado, y las presentamos en forma de bosquejo:

Título: «*Esperanza para los casos desesperados*»

I. Debido a que Jesús busca los casos desesperados (vv. 1-4)

II. Debido a que Jesús muestra gracia hacia los casos desesperados (vv. 5-7)

III. Debido a que Jesús salva los casos desesperados (vv. 8-10)

Un tercer enfoque del pasaje es hacer un bosquejo biográfico del carácter de Zaqueo, mostrando lo que era antes de conocer al Señor Jesús, y la transformación que tuvo lugar después de que el Señor se dirigiera a él cuando estaba subido al árbol. Un título adecuado para este mensaje podría ser entonces: «Transformado por la gracia.»

Como ejemplo adicional de un bosquejo expandido presentamos el que sigue acerca de «La corona de espinas», basado en Juan 19:1-5 y Génesis 3:14-18. Nunca podremos sondear las honduras de los sufrimientos de nuestro bendito Salvador en la cruz, ni reducir a un mero análisis humano Sus indecibles agonías cuando Dios el Padre hizo de su vida «una ofrenda por el pecado», pero presentamos el bosquejo como pauta para un sermón temático.

Título: *«La corona de espinas»*

Introducción:
    A. Fiesta anual de la rosa en Portland, Oregón, culminada por la coronación de la reina con una deslumbrante corona, entre pompa y ceremonia.
    B. Contrastar con la coronación de Cristo, el hombre perfecto rey de la gracia, que fue haciendo el bien. Si alguno era digno de honor, era Él, pero recibió no una corona deslumbrante, sino una de espinas.

Proposición:
    Un cristiano fiel se deleita en honrar a su Salvador
Oración interrogativa:
    ¿Por qué se deleita en ello?
Oración de transición:
    Entre las razones por las que un cristiano fiel se deleita en honrar a su Salvador se halla el triple significado que ve en la corona de espinas que

el Señor Jesús llevó en la cruz. Ve por los pasajes del Nuevo Testamento acerca de la corona de espinas (Mt. 27:28; Mr. 15:17; Jn. 19:2, 5) que

I. Fue una corona de sufrimiento
    A. Indicativa de los sufrimientos físicos que padeció

        ¡Cuánto debió sufrir Cristo cuando la corona fue puesta en Su cabeza, y las espinas atravesaron Su frente, y cuando los soldados le golpearon con la caña! (Mr. 15:19).

        (Gn. 3:17-18): Las espinas vinieron a causa de pecado, por cuanto Cristo fue hecho pecado por nosotros, llevó también el fruto del pecado, los sufrimientos que acompañaron al pecado.

    B. Expresión de la maldición que Cristo llevó por nosotros

        (Cp. Gn. 3:17-18): Por cuanto el hombre pecó, la tierra fue maldita por causa de él, y las espinas son expresión de esta maldición. Las espinas en la frente de Cristo son también expresión de la maldición que llevó por nosotros, «hecho por nosotros maldición (porque está escrito: Maldito todo el que es colgado en un madero)» (Gá. 3:13).

        No podemos concebir lo grande que fue Su agonía cuando fue hecho maldición por nosotros, pero algo de la hondura de Su sufrimiento se indica en el clamor: «Dios mío, Dios mío, ¿por qué me has desamparado?» (Mt. 27:46).

    Transición:
    Pero al considerar el creyente fiel lo que las Escrituras dicen acerca de la corona de espinas, se ve que no se trataba solamente de una corona de sufrimiento, sino también que

II. Era una corona de escarnio
    A. Indicativa del escarnio que los soldados amontonaron sobre Él

Es indudable que los soldados oyeron el juicio de Cristo frente a Pilato cuando se trató
condición de rey. En su ceguera, los soldados
probablemente creyeron absurdo que alguien,
aparentemente tan impotente, pudiera reivin-
dicar la condición de rey, por lo que pusie-
ron la corona de espinas sobre la cabeza,
como diciendo: «¡Es sólo un falso rey enga-
ñado a sí mismo!»

¡Qué trato para Cristo, el Rey de Gracia, es-
carnecido con corona de espinas!

B. Expresión de la actitud que los hombres tuvieron hacia Él
Nótese el escarnio que sufrió Cristo pendien-
do de la cruz (Mt. 27:39-44).
(Is. 53:3): «Despreciado y desechado entre
los hombres.» Consideremos la condescen-
dencia de Cristo al permitir que hombres
perversos, llenos de odio, le trataran a Él, el
Rey de la Gloria, con tal menosprecio y vergüenza.
Razones de que Cristo soportara tal cosa
(He. 12:2): «Por el gozo puesto delante de
Él sufrió la cruz, menospreciando el opro-
bio», para levantarnos del pecado y vergüenza y llevarnos a la gloria.

«¡Oh Rostro trascendente, de vida el
                              [Creador!,
Señor de cuanto existe, Tú probaste
                              [cruel dolor:
La grave culpa nuestra fue lo que te
                              [atribuló;
Nuestra deuda enorme, ¡oh Señor!,
                              [que tu sangre canceló.

Transición:
Al considerar estos pasajes del Nuevo Testamento
relacionados con la corona de espinas, descubrimos que, en tanto que los hombres perversos qui-
sieron que fuera un instrumento de agonía y vergüenza para nuestro bendito Salvador, sin em-

bargo Dios, en Su poder soberano, se cuidó de
que

III. Fuera una corona de victoria

A. Indicativa del triunfo que Él consiguió sobre
Sus enemigos

La palabra «corona» en cada una de las referencias a la corona de espinas es una referencia al laurel de la victoria dado al ven-
cedor en los juegos olímpicos. Así, aunque
los soldados querían con la corona de espinas simbolizar la ignominia, con este mismo
acto le coronaron con el laurel de la victoria.
Señalar inscripción sobre cruz: «JESÚS NA-
ZARENO REY DE LOS JUDÍOS» (Jn.
19:19). Demanda de judíos alteración, inscripción y negativa de Pilato (Jn. 19:21-22).
Pilato estuvo correcto, porque aunque los
judíos rechazaron a Cristo como rey, Él se-
guía siéndolo, rigiendo y dominando todo
para el cumplimiento de Sus propios propósitos.

Una corona muy adecuada que Cristo llevó,
pues cuando Satanás hizo lo peor, Cristo
hizo Su mejor obra; al sufrir en la cruz estaba consumando nuestra redención; al morir
por nosotros nos abrió el camino a la vida;
cuando parecía caer bajo el peso de la derro-
ta, consiguió su más magna victoria.

B. Expresiva del triunfo que Él ha conseguido
por nosotros

¿Sabemos algo acerca de las espinas, cosas
que pinchan, hieren?

Por cuanto Cristo logró la victoria sobre el
pecado, la muerte y el infierno, puede darnos el triunfo en Él y transformar las espinas
en bendición (1.ª Co. 15:57).

Condición:

Tenemos que someternos a Él (2.ª Co. 2:14)

Ilustración:

Triunfo de Pablo en la cárcel (Fil. 1:12-14).

Transición:
Tenemos verdaderamente todos los motivos para
honrar a nuestro Salvador por la corona que
llevó por nosotros sobre Su sagrada cabeza.

Conclusión:

A. Resultados benditos de la coronación de Cristo con corona de espinas, ahora corona para nosotros. El Nuevo Testamento habla de varias coronas para el cristiano: corona de gozo, justicia, vida, incorruptible, gloria inmarcesible. Pero cuando le veamos, desearemos arrojar las coronas ante Él, diciendo: «El Cordero que fue inmolado es digno de tomar el poder, las riquezas, la sabiduría, la fortaleza, la honra, la gloria y la alabanza» (Ap. 5:12).

B. Debido a lo que Cristo ha soportado por nosotros, ¿no debiéramos coronarle Rey hoy? Respondamos en las palabras del himno:
   ¡Coronadle! ¡Coronadle!
   Coronadle «Rey de reyes»;
   Homenaje tributadle,
   Tributad al Salvador.

EJERCICIOS

1. Hacer una lista de diez refranes, y decir en qué circunstancias podrían ser usados en un sermón.

2. Recoger treinta citas breves y ponerlas en una clasificación adecuada. Poner los aforismos bajo cada clasificación en una página separada.

3. Hallar doce afirmaciones significativas y autorizadas, mostrando cómo se usarían cada una de ellas en sermones. Citar el autor y la fuente de cada una de estas afirmaciones.

4. Recrear el texto del Salmo 23 de una manera similar al despiece que se exhibe en el capítulo 3 en Lucas 19:1-10. Sin la

ayuda de libros de referencia, relacionar en una hoja de papel aparte, versículo por versículo o sección por sección, lo que se descubra en el salmo que valga la pena de ser señalado.

5. Preparar un bosquejo temático apropiado para el servicio de comunión, dando el título, introducción, proposición, oración interrogativa, oración de transición, divisiones principales, subdivisiones, y transiciones entre las principales divisiones. Ampliar el bosquejo, usando instrumentos retóricos como los considerados en este capítulo: interpretación, argumentación y citas. Redactar las notas del sermón tan brevemente como sea posible.

6. Seleccionar un texto a elección propia y preparar un bosquejo textual extraído del texto para un mensaje que sea apropiado para el primer domingo de Año Nuevo. Seguir las mismas instrucciones que las dadas en el ejercicio n.º 4 para la construcción y el desarrollo del bosquejo.

7. Seleccionar un pasaje más o menos extenso acerca del tema de la oración, y preparar un sermón expositivo que pueda servir como reto a la oración. Seguir el mismo procedimiento que bajo el ejercicio n.º 4 en la construcción y desarrollo del sermón.

Capítulo 10

LAS ILUSTRACIONES

Se ha dicho con frecuencia que la ilustración es al sermón lo que una ventana es a un edificio. Así como la ventana da entrada a la luz al edificio, así una buena ilustración clarifica un mensaje.

Pero el mismo significado de la palabra «ilustrar» es clarificar por medio de uno o varios ejemplos. Así, *una ilustración es una forma de arrojar luz sobre un sermón, mediante el uso de un ejemplo*. Es una imagen verbal de una escena, o una descripción de un individuo o un incidente, utilizado por mor de iluminar el contenido de un discurso, de manera que se facilite a los oyentes la asimilación de las verdades proclamadas por el predicador.

Una ilustración puede asumir una de varias formas. Puede consistir en una parábola, una analogía, una alegoría, una historia (incluyendo una anécdota o fábula), un relato de una experiencia personal, un acontecimiento histórico o un incidente biográfico. Como se ha mencionado en el capítulo anterior, una ilustración puede también ser inventada o sacada de la propia imaginación.

EL VALOR DE LAS ILUSTRACIONES

Es preciso afirmar enérgicamente que el factor más importante del sermón no es la ilustración, sino la explicación del texto. La interpretación, que tiene que llevar la carga del mensaje del predicador, posee una importancia vital; las ilustraciones, no importa cuán vívidas o interesantes sean, tienen solamente una importancia secundaria. Pero el hombre que viene con un mensaje de parte de Dios y con un anhelante deseo de clarificar el mensaje a su gente hará todo lo que esté en su mano para hallar y usar ilustraciones que hagan que su sermón sea interesante y atractivo. Por ello, será cosa buena señalar algunos de los valores de las buenas ilustraciones.

1. Dan claridad al sermón.

La verdad es en ocasiones tan profunda o obstracta que, por mucho que el predicador se esfuerce en explicar un texto, la congregación puede resultar incapaz de asimilar su significado, hasta que lo ponga ante ellos en forma de una imagen verbal. Esto está precisamente en armonía con la definición de ilustración que, como hemos señalado, es clarificar mediante el ejemplo. El mismo Señor Jesús, a fin de explicar las benditas y profundas verdades de nuestra unión con Él, utilizó la sencilla analogía de la vid y los pámpanos.

2. Dan interés al sermón.

El fallo con muchos sermones no reside en su contenido doctrinal, sino en la pesadez o aridez con que se presenta la verdad. El mensaje puede resultar tan aburrido y carente de interés que le sea difícil al oyente mantener una atención adecuada. El predicador debiera tener en mente que el individuo medio puede prestar atención sólo por un espacio de tiempo limitado, y que, a no ser que introduzca en el mensaje algo que sea retador e interesante, la mente del oyente medio pronto empezará a vagar. Las ilustraciones adecuadas relajan la mente, sirven para suscitar una atención decayente, dan vida al mensaje, y preparan al oyente a escuchar con atención lo que sigue.

Por ello, el predicador debería utilizar ilustraciones de

un interés tal que despejaran cualquier tendencia a la divagación por parte de los oyentes. Se pueden conseguir ilustraciones atractivas e interesantes de cualquier fuente concebible, y el redactor del sermón tiene que estar constantemente ojo avizor para descubrir ejemplos, nuevos y viejos, que puedan dar atractivo a sus sermones.

La siguiente ilustración, procedente del siglo pasado, tiene una buena aplicación al presente:

> Un conocido predicador estaba subido al lado de un conductor de diligencias que había sido una vez un profesional, pero que lo había perdido todo a causa de la bebida. Durante el viaje, pidió ayuda al ministro. Después de conversar durante un tiempo con el conductor acerca de su problema, el buen hombre le dijo: «Amigo mío, si sus caballos se desbocaran, incluso después de que usted hubiera utilizado todos los medios posibles para retenerlos, ¿qué haría si de repente se diera cuenta de que había a su lado una persona que supiera exactamente cómo controlarlos y salvarlo de una tragedia?» Sin dudarlo un instante, el conductor replicó: «Le pasaría las riendas.» Entonces el predicador le contó que el Señor Jesús estaba dispuesto a asumir el control de su vida si él estaba dispuesto a pasarle las riendas.

Podemos sacar grandes lecciones de las acciones o afirmaciones de los pequeños, y hallamos muchas ocasiones para usarlas como ilustraciones de sermones. La experiencia de una maestra de escuela dominical en su clase de niñas es una buena evidencia de ello:

> Con una maestría dramática una maestra de escuela dominical estaba contando la historia de Abraham y sus obedientes preparativos para sacrificar a su hijo Isaac. Al acercarse al punto culminante describía los detalles de una manera tan vívida, que una niña dijo suplicante: «¡Oh, por favor, no siga! ¡Esta historia es demasiado horrible!» Entonces otra niña sentada cerca de ella exclamó: «¡No seas tonta, María, ésta es una de las historias de Dios, y las his-

torias de Dios siempre terminan bien!» Esta niña expresó una gran verdad, porque Dios siempre se cuida de que todo termine bien para aquellos que pertenecen a Él, porque sabemos que «a los que aman a Dios, todas las cosas les ayudan a bien».

La sorpresa es otro factor que da interés a una ilustración. El siguiente incidente en la vida del famoso evangelista D. L. Moody servirá como ejemplo:

Después de que el señor Moody hubiera concluido un servicio evangelístico, alguien le preguntó acerca de la reunión. Respondiendo que dos personas y media se habían convertido aquella noche, el interlocutor quedó sorprendido por esta respuesta, y preguntó qué era lo que quería decir. El evangelista señor Moody respondió: «Se salvaron dos niños y un adulto», y después explicó la razón de su respuesta. Cada uno de los dos niños tenía ahora una vida entera que dar a Cristo, en tanto que el adulto ya había pasado la mitad de su vida, y sólo le quedaba media vida para servir al Señor.

3.   Dan vivacidad a la verdad.

Lo único que algunas personas recuerdan después de un sermón es una ilustración, debido a que la verdad recibe vivacidad frecuentemente mediante las ilustraciones. Las buenas ilustraciones se apoderan de la mente por el vigor de los ejemplos que presentan, mediante los cuales lo abstracto se vuelve claro, y los hechos áridos y difíciles de ver son transformados en una verdad viviente, de manera que la gente puede ver en las imágenes verbales lo que, de otra manera, no podría comprender con claridad. Por ejemplo, se puede hablar de los males de la falta de honradez, pero cuando esto se ilustra con la historia de Acán en Josué 7, la lección puede hacerse vívida con un relato del engaño de Acán y de las terribles consecuencias de su transgresión. ¡Cuán significativo es señalar que Acán significa «turbación» y que así como su propio nombre lo implica, trajo turbación sobre sí mismo, sobre su propia familia, y sobre toda la congregación de Israel debido a su pecado secreto.

En lugar de una narración bíblica, el predicador podría relatar una historia como la que sigue:

> Se dice de un monarca oriental que una vez llamó a uno de sus amigos, un constructor, y le dijo: «Amigo, hazme una casa. Te proveeré de todo lo que precises: hombres, dinero, materiales, tiempo, herramientas, todo lo que digas te lo daré. Vé y constrúyeme una casa.» Pocas veces ha tenido nadie una oportunidad como ésta. No se le puso ningún límite, ni en cuanto a coste ni en cuanto a tiempo. El constructor tenía plena libertad para hacer lo que quisiera. Hubiera podido utilizar los mejores materiales y hubiera podido usar la mano de obra más diestra. Poco tiempo después se estaba construyendo lo que parecía una casa magnífica. Pero el hombre hacía un trabajo que era frecuentemente negligente y descuidado; escatimaba aquí y allá, utilizando materiales de calidad inferior. No dio lo mejor de sí para la casa que estaba construyendo para el rey. Al final, el edificio quedó acabado. Todas las deficiencias fueron cuidadosamente cubiertas. Llegó el gran día cuando, con gran pompa y ceremonia, el rey fue a ver su nueva casa. Al acabar la gira de inspección, el rey se volvió a su amigo, el constructor, y le dijo: «¿Ves esta casa? Te la doy a ti, y aquí tienes la llave de este edificio que desde ahora es tuyo.»

4. Dan énfasis a la verdad.

Hay muchas ocasiones en que el predicador ve necesario mostrar la importancia de una verdad. Puede hacerlo sencillamente afirmando su importancia, expresándola en términos vigorosos, o repitiéndola de una manera u otra. El uso de una buena ilustración es otro medio de destacar una verdad. Mediante un ejemplo específico, la ilustración hace llegar a lo más hondo de los oyentes la lección que el predicador quiere enseñar. De hecho, cuanto más adecuada sea la imagen verbal, tanto mayor será el énfasis.

Por ejemplo, si el predicador está tratando de hacer conscientes a los miembros de la congregación de la importancia de reunirse los domingos por la tarde, además de por la mañana, esta historia de un chico joven serviría indudablemente mucho más que muchas palabras de exhortación o de amonestación del pastor:

> El domingo pasado por la tarde me vino a la cabeza ir a la iglesia. Mi amigo fue al cine, y me pidió que fuera con él, pero no me pareció bien, por lo que fui a la iglesia. Busqué a mi maestro de escuela dominical, pero no estaba allí. Pensé que vería a los dos diáconos que siempre había respetado, pero no estaban allí. También busqué a la maestra de escuela dominical de mi madre, que había venido a visitarnos una vez, pero tampoco estaba allí. Supongo que ellos no creen que ir a la iglesia el domingo por la tarde tenga mucha importancia.

El siguiente incidente, si se cuenta en un mensaje acerca de la templanza, puede ser mucho más eficaz que miles de palabras de advertencia o amonestación acerca de los males de la bebida.

> Cuatro jóvenes se mataron en un accidente automovilístico después de haber estado bebiendo. La trágica noticia de que su hija había muerto en un accidente llegó al padre de una de las víctimas. En un arranque de ira, el dolorido padre exclamó: «Mataré al tabernero que les haya vendido el licor.» Pero cuando el padre fue a su propio armario a tomar un trago, encontró allí una nota escrita de mano de su propia hija: «Papá, hemos tomado algo de tu licor. Sabemos que no te va a molestar.»

PRINCIPIOS A OBSERVAR EN EL USO DE LAS ILUSTRACIONES

1. Usar ilustraciones adecuadas.

Según la etimología del término, una ilustración tiene que clarificar. Si no conduce a una mejor comprensión del punto que se está tratando, o si la misma ilustración no es evidente, sería mejor omitirla. De otra forma, la ilustración tenderá a apartar la atención de la congregación del pensamiento central del sermón. Pero una ilustración apropiada, introducida en el momento adecuado y bien dicha, es un medio de lo más eficaz para iluminar un texto o verdad, y para crear interés. Si, por ejemplo, el predicador está tratando acerca de la suficiencia de la gracia de Dios en el perdón de los pecados, podría citar versículos como 2.ª Corintios 5:20-21 y Efesios 1:7. Resulta entonces muy apropiado dar una ilustración como la que sigue:

> Un incrédulo, burlándose de un ministro que había ido a visitar a un moribundo que era notoriamente malo, le dijo: «¿Puede acaso una hora de arrepentimiento expiar una vida entera de pecado?» «No —dijo el hombre de Dios—, pero la sangre de Cristo sí.»

2. Cerciorarse de que las ilustraciones sean claras.

Como hemos aprendido, el significado básico de la palabra «ilustrar» es hacer claro o evidente. Una historia o incidente que se cuenta en el sermón con el propósito de ayudar a la asimilación de alguna verdad, fracasa en su propósito si no explica o clarifica. Bajo tales circunstancias, una ilustración que pudiera, por otra parte, parecer importante o interesante sería mejor que fuera dejada de lado. Pero un ejemplo o ilustración bien elegido, que contribuya a la asimilación de una verdad, puede añadir mucho al valor del discurso:

> El 25 de enero de 1981, apareció un breve artículo en varios diarios a través de toda la nación. Afirmaba simplemente que el Instituto Lingüístico de Verano había rechazado las demandas de las guerrillas izquierdistas colombianas, que amenazaban con dar muerte al misionero secuestrado Chester Bitterman si el instituto no clausuraba su operación en Colombia para el 19 de febrero.
> Poco después de que apareciera esta noticia en los dia-

rios, Bernie May, director en Estados Unidos de los Traductores Wycliffe de la Biblia, envió una llamada a la oración que decía en parte:

«La organización Wycliffe tiene como norma no pagar precio de rescate. Es parte del riesgo (que es otra palabra para fe) que tomamos. Simplemente confiamos en Dios para que todas las cosas nos ayuden a bien...

»Chester sabía que al unirse a Wycliffe asumía un riesgo personal. Pero seguir a Cristo es siempre esto, para todos nosotros. Aquel que siga a Cristo se encontrará invariablemente bajo la sombra de la cruz. Es inevitable. Pero la promesa de una cosecha de justicia es asimismo inevitable. Así, os pido que os unáis conmigo en oración por los Bitterman. También os pido que reevaluéis vuestra propia consagración a Cristo. Es preciso que, al pasar de Getsemaní al Calvario, sepamos quiénes somos y dónde nos hallamos, cuando las antorchas rodeen el huerto a medianoche.»

Pocas semanas después de que Bernie May emitiera este llamamiento al mundo cristiano, Chester Bitterman fue muerto a tiros por sus secuestradores.

Si uno de los propósitos de nuestro mensaje es el de retar a nuestros oyentes a la congregación a Cristo, un incidente como el anterior será un claro llamamiento a la entrega a nuestro Señor.

3. Usar ilustraciones creíbles.

Las ilustraciones fantasiosas sólo sirven para desacreditar al ministro y para sugerir a la congregación que el predicador está dispuesto a exagerar, o que es lo suficientemente cándido como para creerse lo que es indigno de credibilidad. Incluso si la narración o los acontecimientos son ciertos, pero por una razón u otra no suena a cierto, el predicador debería evitar cuidadosamente su utilización en un sermón. Si una ilustración ha de ser adecuada para su utilización, tiene que ser cierta y sonar a cierta. Tiene que llevar todos los distintivos de realidad y veracidad.

En algunas ocasiones se puede usar un hecho aparentemente increíble para una ilustración, en particular cuando se toma del reino de la ciencia o de la historia natural, y cuando el predicador puede dar pruebas adecuadas de la veracidad de sus afirmaciones.

4. Exponer adecuadamente los hechos de la ilustración.

Una ilustración que valga la pena contar, vale la pena que sea bien contada. Como regla general, no debiera ser leída. Como el sermón, una ilustración que se lee desde el púlpito pierde su impacto. Por ello, cuando alguien usa una ilustración, debiera cerciorarse de que conoce las detalles lo suficientemente bien como para contarlos con fidelidad. Si olvida u omite una o dos partes esenciales, puede hacer inservible la ilustración.

Sin embargo, hay algunos casos en los que una ilustración contiene tanto detalle, que no le es posible al orador recordar todos los puntos. Obsérvese el ejemplo del doctor M. R. DeHaan, autor de ¿*Religión o Cristo?*, que abandonó la práctica de la medicina para darse al ministerio:

> ¡Qué potencialidades moran en nuestros cuerpos! Si eres una persona de tamaño medio, cada día de 24 horas ejecutas las siguientes funciones: Tu corazón late 103.689 veces; tu sangre viaja 269.000.000 kilómetros (168.000.000 millas). Respiras 23.040 veces, aspiras 12,4 metros cúbicos de aire. Comes entre 1,5 y 2 kilógramos de alimentos y bebes 3 litros de líquido, sudando alrededor de 1 litro a través de tu piel; tu cuerpo mantiene una temperatura constante de 37 grados bajo todas las condiciones climáticas. Generas 125.000 kilogramos de energía; hablas 4.800 palabras (los hombres), mueves y usas más de 700 músculos, usas 7.000.000 de células cerebrales, y caminas más de 10 kilómetros. Y este cuerpo pertenece a Dios. Con toda esta actividad, ¿cuánta de ella está dedicada al Creador? Ciertamente, este cuerpo maravillosamente hecho debiera ser dedicado a su maravilloso Creador. Presentémoslo hoy a Dios.

La exactitud demanda también que las ilustraciones sean contadas con veracidad. La honestidad es un ingrediente totalmente esencial. No se debería hacer ningún tipo de afirmaciones que no fuesen ciertas (con la única excepción explicada en el cap. 9 bajo el encabezamiento «La imaginación»). No se deben distorsionar ni exagerar los hechos. Un predicador que haga falsas declaraciones pronto arruinará su ministerio, y su congregación tendrá toda la razón en desconfiar de él.

5. **Como regla general, usar ilustraciones que sean razonablemente breves.**

Una ilustración no debe ser tan destacada que robe al mensaje su importancia. Después de todo, el principal propósito de una ilustración es solamente el de clarificar. Por ello, como regla general, las ilustraciones no debieran ser largas. De hecho, algunas imágenes verbales son más eficaces cuando se cuentan de manera concisa. Pero, si es necesario usar una ilustración algo larga en una parte del sermón, sería prudente mantener a un mínimo otras ilustraciones en el mismo mensaje.

6. **Ser selectivos al elegir las ilustraciones.**

No se debiera hacer un uso indiscriminado de las ilustraciones en los sermones. Lo extravagante, de mal gusto y lo grotesco no tienen lugar en la predicación. El uso de este tipo de ilustraciones por parte del predicador le deja abierto a la acusación de frivolidad, vulgaridad o irreverencia, faltas que nunca debieran recaer en un ministro del Evangelio.

Se debe tener cuidado, no sólo en cuanto al carácter de las ilustraciones, sino también en cuanto a la cantidad que se emplee de ellas en un sermón determinado. El ministro que use demasiadas ilustraciones podrá verse clasificado como «un cuentista». Pero si el principal objetivo del predicador es el de predicar la Palabra, introducirá ilustraciones sólo allí donde crea que serán de utilidad para clarificar el texto y dar a sus oyentes una mejor comprensión de la verdad.

En cuanto a la proporción de las ilustraciones empleadas en el cuerpo del sermón, se puede sugerir que, por lo general, resultará suficiente una ilustración bajo cada división principal. En ocasiones puede ser interesante usar más de un ejemplo bajo uno de los encabezamientos principales, pero si todas las ilustraciones en un sermón de tres o cuatro divisiones principales fueran a concentrarse, digamos, bajo la primera división principal, esto constituiría una evidente falta de proporción en su utilización.

Si el predicador es selectivo en el uso de las ilustraciones, también se cerciorará de que se emplean con variedad. Como se ha sugerido en un capítulo precedente, tiene que haber diversidad, tanto en los tipos como en las fuentes de las ilustraciones, si se ha de evitar la monotonía y si sus ilustraciones han de ser eficaces.

LA ACUMULACIÓN DE LAS ILUSTRACIONES

Un buen ministro sabe que no es prudente repetir sus ilustraciones a la misma audiencia, excepto en circunstancias excepcionales. A fin de evitar la repetición de las ilustraciones, le es necesario conseguir otras nuevas continuamente. Pero no siempre es fácil encontrar ilustraciones adecuadas e interesantes. En lugar de buscar en sus libros una ilustración en el momento en que la necesite, será mejor que acumule material cuando descubra algo que le es útil y que podría ser utilizado en futuros sermones. Por ejemplo, la siguiente historia se hallaba en la contraportada del boletín de una iglesia:

> Un hombre que viajaba por un país extranjero descubrió que su destino se hallaba al final de un agreste camino de montaña. El viaje era peligroso, y necesitaría un guía experto para llegar sano y salvo.
>
> Un guía se le ofreció para acompañarle. Antes de ce-

rrar el trato con él, le preguntó el viajero: «¿Ha estado usted alguna vez en el pueblo al que voy?»

El guía respondió: «No, pero he llegado hasta la mitad del camino, y he oído a muchos de mis amigos describir el resto del camino.»

«¿Sabe qué? —contestó el viajero—, no me sirve como guía.»

El viajero entrevistó a otro guía. De nuevo preguntó: «¿Ha estado usted alguna vez en el pueblo al que quiero ir?»

El guía respondió: «No, pero he visto el pueblo desde la cumbre del monte.»

«Tampoco me sirve como guía», contestó el hombre.

Un tercer guía ofreció sus servicios al viajero. Éste le hizo la misma pregunta que había hecho a los otros dos guías.

«Señor —le contestó el guía— aquel es mi pueblo.»

Jesús dijo: «Yo soy el camino, y la verdad, y la vida; nadie viene al Padre sino por Mí.»

Algunas veces, en un momento de iluminación, una notable idea viene a la mente del predicador. Si no la apunta en el acto, aquel pensamiento puede quedar perdido para siempre. La lectura del ministro, su ruta diaria de visitas y contactos con personas, así como su propio estudio de las Escrituras, le sugerirán también numerosas ideas que puede desarrollar en eficaces ilustraciones. En el curso del tiempo, el predicador descubrirá que está adquiriendo un estado de atención tal que ideas llenas de significado le asaltarán por todos lados. Si entonces preserva todo este material de una manera metódica, llegará a poseer un fondo valioso del que servirse cuando necesite una ilustración apropiada.

A fin de que esta acumulación de material pueda llegar a estar rápidamente disponible, el predicador debería tener un sistema de archivo sencillo, pero apropiado. Un método práctico y eficaz de archivo exige dos juegos de carpetas de tamaño folio. Uno de éstos debería ser un archivo textual, consistente en una serie de carpetas dispuestas por orden de libros de la Biblia, con una carpeta por libro. El otro juego debería servir como archivo temático, consistiendo en una serie de distintas carpetas, una por tema. Lo que sigue es una lista de temas que se sugieren para el archivo del estudiante:

Aborto
Adolescencia
Adoración
Adventismo, séptimo día
Amor
Año Nuevo
Alabanza
Apologética
Arqueología
Avivamiento
Bautismo
Biblia: Palabra de Dios
Catolicismo romano
Cena del Señor
Cielo
Comunión
Comunismo
Consagración
Consuelo
Conversión
Cristo: Impecabilidad
Cristo: Milagros
Cristo: Nacimiento virginal
Cristo: Persona de
Cristo: Resurrección y ascensión
Cristo: Sangre de
Cristo: Segunda Venida
Cristo: Sufrimiento y muerte
Dedicaciones
Denominaciones
Dios
Discursos públicos
Domingo
Educación

Escuela Dominical
Espíritu Santo
Ética cristiana
Evangelismo
Evidencias cristianas
Evolución
Existencialismo
Expiación
Fe, confianza, creencia
Funerales
Geografía bíblica
Gracia
Gracias cristianas
Himnología
Historia de la iglesia
Hogar
Homilética
Humanismo
Humildad
Iglesia: Creyentes
Iglesia: Historia de la
Iglesia: Supervisión de la
Infierno
Israel y los judíos
Juventud
Ley
Matrimonio y Bodas
Mayordomía: Diezmo
Misiones
Modernismo
Mormonismo
Muerte
Mundanalidad
Navidad
Neoortodoxia

Niños	Religiones comparadas
Oración	Salvación
Pascua	Santificación
Pecado	Satanás
Perdón	Sectas
Profecía	Seguridad eterna
Psicología	Templanza
Redención	Testigos de Jehová

EJERCICIOS

1. Indicar ilustraciones para cada uno de los siguientes textos:

(1) «La paga del pecado es muerte» (Ro. 6:23).

(2) «Es necesario que Él crezca, pero que yo mengüe» (Jn. 3:30).

(3) «Me guiará por sendas de justicia por amor de su nombre» (Sal. 23:3).

(4) «Bendecir a los que os persiguen» (Ro. 12:14).

(5) «Yo soy tu escudo, y tu galardón será sobremanera grande» (Gn. 15:1).

(6) «Bienaventurados los de limpio corazón, porque ellos verán a Dios» (Mt. 5:8).

(7) «Buscad a Jehová mientras puede ser hallado» (Is. 55:6).

2. Usar la imaginación para inventar una ilustración para cada uno de los siguientes temas:

(1) Un vaso para honra.

(2) Un hijo obediente.

(3) Un culto idolátrico.

(4) Diligencia en el estudio.

(5) Un esclavo ante su dueño.

(6) Desengaño.

(7) Ruego persistente.

3. Hallar dos ejemplos o incidentes bíblicos para ilustrar cada uno de los temas siguientes:

(1) Una manifestación de humildad.
(2) Una acción apresurada.
(3) Gozo en medio de las pruebas.
(4) Una actitud odiosa.
(5) Un siervo fiel.
(6) Una mujer diligente en el servicio a otros.
(7) Una expresión de bondad.
(8) Una actitud egoísta.
(9) Un espíritu perdonador.
(10) Una promesa mala.
(11) El amor al dinero.
(12) Resistencia a la tentación.
(13) Un acto de cobardía.
(14) La necedad de amar el mundo.

4. Henry Wadsworth Longfellow escribió: «Los molinos de Dios muelen lentamente, pero muelen a un tamaño sumamente pequeño.» Dar dos ilustraciones de la Biblia y dos de fuentes seculares que confirmen este extremo.

5. Dar cuatro ilustraciones, dos bíblicas y dos seculares, para cada una de las siguientes ocasiones:

(1) Un servicio de comunión.
(2) Un servicio de Pascua.
(3) Un servicio de Navidad.
(4) Una reunión misionera.
(5) Un servicio evangelístico.

6. Seleccionar tres de los bosquejos temáticos del capítulo 1, y dar dos ilustraciones apropiadas para cada uno de ellos.

7. Si no se posee un archivador metálico, conseguir un archivador portátil con el que poder empezar un sistema de archivo. Preparar dos juegos de archivadores, un archivo temático y otro textual, como se ha sugerido en este capítulo, y empezar a acumular materiales para su futura utilización.

8.   Las siguientes historias se recogieron de la prensa diaria. Mostrar cómo podrían ser usados como material ilustrativo.

El *Milwaukee Journal* de Milwaukee, Wisconsin, del 10 de agosto de 1965, informaba del arresto de once chicos entre 12 y 17 años de edad, que estaban en una banda de ladrones acusada del robo de bienes por valor de unos 10.000 dólares en casas y garages del barrio norte de Milwaukee. Todos los chicos, menos uno, provenían de «buenas familias», y por lo menos dos de ellos eran repartidores de diarios. Sus víctimas eran personas que se hallaban de vacaciones de verano, y penetraban en sus casas en horas tempranas de la mañana. Según la policía, los chicos sacaban de las casas todo lo que no estuviera clavado o atornillado. Incluida en el botín estaba una colección de monedas que valía 1.200 dólares, pero para cuando los chicos fueron arrestados algunas de las valiosas monedas habían sido gastadas en caramelos.

En el *Milwaukee Sentinel* del 13 de agosto de 1965 apareció un artículo acerca del desastre del silo de misiles Titán en Searcy, Arkansas, donde unos 50 hombres perdieron sus vidas cuando una explosión seguida de incendio destruyó un silo subterráneo. El artículo decía también que el Secretario de la Fuerza Aérea informó al Presidente de los Estados Unidos del hecho de que algunas de las víctimas pudieron haber perdido sus vidas debido a que la escalera de escape quedó bloqueada de una manera extraña. Parece que en su desesperado intento por escapar después de la explosión, dos hombres quedaron embotellados en un área estrecha de la escalera, al intentar huir a la vez, cerrando así la única salida para los otros que intentaban correr tras ellos.

9.   Leer el diario local durante cinco días sucesivos y recoger dos artículos apropiados de cada edición como material para ilustración. Colocar estos artículos en las carpetas correspondientes del archivo.

Capítulo 11

LA APLICACIÓN

DEFINICIÓN DE LA APLICACIÓN

La aplicación es uno de los elementos más importantes del sermón. Mediante este proceso retórico, las demandas de la Palabra de Dios son proyectadas sobre el individuo a fin de que pueda responder de manera favorable al mensaje. Cuando se emplea apropiadamente, la aplicación muestra la relevancia de las Escrituras en la vida diaria de la persona. Hace pertinentes para ella las enseñanzas de la revelación cristiana. Sin embargo, el tipo de respuesta que se trate de obtener del individuo diferirá del propósito del mensaje. En un caso, la respuesta deseada podría ser un cambio de actitud, en otro, una decisión a tomar, y en otro un mero asentimiento a la verdad que el predicador proclama.

La aplicación es, frecuentemente, descrita en los libros de texto de homilética como el proceso mediante el cual, el predicador trata de persuadir a sus oyentes a que reaccionen favorablemente ante la verdad divinamente revelada. Hay un peligro sutil en esta definición. La persona que asume sobre sí la tarea de aplicar las verdades de su sermón enteramente a su congregación puede, en ocasiones, parecer como que se

está colocando en un pedestal, amonestando a su congregación, sin reconocer que las mismas palabras que está pronunciando pueden ser igual de aplicables a él mismo. Una actitud
así podría dar también la impresión a los oyentes de que el
ministro está predicándoles *a ellos*, y una vez que los oyentes
lleguen a esta conclusión les causará un prejuicio en contra
de él.

Sería mucho mejor que el predicador aplicara las verdades de su mensaje a sí mismo, así como a la congregación.
Tendría que hacer saber a la congregación que él, al igual que
ellos, puede necesitar amonestación, reprensión o exhortación.
Esto les hará darse cuenta de que el ministro se pone a sí
mismo a su nivel, y que también él tiene necesidades espirituales, fragilidades humanas y pasiones como ellos.

Por ello definimos la aplicación como el proceso retórico,
mediante el cual se hace que la verdad se aplique directa y
personalmente a los individuos, a fin de persuadirles a que
respondan adecuadamente a él. Esta definición abraza, de esta
manera, tanto al orador como a los oyentes.

MOMENTO PARA HACER LA APLICACIÓN

El tiempo en que se hace la aplicación tiene que ser determinado por el contenido del pasaje. Como regla general, la
aplicación se hace en relación con cada verdad espiritual que
se considere. Esto significa que el llamamiento va entretejido
en la fábrica del sermón, y que las verdades se van aplicando
conforme va progresando el desarrollo.

Hay momentos, sin embargo, en que sería cosa buena hacer la aplicación al final de cada subdivisión o al final de
cada división principal. Por otra parte, hay ocasiones en que
la aplicación puede anteceder a la mayor parte de los otros
procesos retóricos, o sea, la argumentación, la cita o la ilustración, pero raramente debiera anteceder a la explicación.

Hay algunos sermones en los que lo mejor sería omitir la

llamada totalmente del cuerpo del sermón y reservarse el impacto total del mensaje hasta el fin del discurso. Esto es especialmente cierto en el caso de un argumento sostenido, cuando las partes del discurso quedan incompletas hasta que se haya presentado la totalidad. En este caso, la inserción de una aplicación antes del final, perjudicaría a la discusión y debilitaría la fuerza de la conclusión, al llegar el argumento a su final. Los sermones de carácter evangelístico entran frecuentemente en esta categoría.

En el caso del sermón expositivo, que necesariamente involucra una gran cantidad de exégesis, si las verdades expuestas no son aplicadas al ir progresando el sermón, hay la tendencia a que el discurso se vuelva pesado y difícil para que lo siga el oyente medio. Para la forma expositiva de sermón, parece, así, que lo mejor sería aplicar las verdades al irse desarrollando el sermón, punto por punto.

La cantidad de tiempo dada en el sermón a la aplicación, es otro factor que merece consideración. Como hemos mencionado anteriormente, el principiante se ve tentado frecuentemente a dedicar demasiado tiempo a la aplicación de la verdad sobre sus oyentes, olvidando que su principal responsabilidad es interpretar la Palabra de Dios con tal claridad que todos puedan comprenderla. Algunas veces, las lecciones sacadas de las Escrituras son tan evidentes que la aplicación formal es totalmente innecesaria. Hay una feliz línea media en la que el predicador tiene que esforzarse en mantenerse, entre una aplicación excesiva y una demasiado poca aplicación. Sin embargo, allí donde la aplicación práctica sea necesaria, no debiera vacilar en hacerla.

REQUISITOS PREVIOS PARA UNA APLICACIÓN EFICAZ

Aunque un ministro explique un texto con claridad y dé a su congregación una clara comprensión de su significado, sin embargo, hay algunos que nunca sienten la necesidad de relacionar la verdad a sí mismos personalmente. Es la tarea del pastor enlazar de tal manera las Escrituras con los oyentes, que se den cuenta de que sus verdades les son aplicables. Pero si el predicador va a presentar las verdades de la revelación divina, relacionándolas con las necesidades, pecados y problemas de sus oyentes, él mismo tiene que poseer ciertos requisitos previos.

Consideremos, pues, seis requisitos previos principales para una eficaz aplicación.

1. Es de vital importancia que el predicador sea un hombre que viva próximo a Dios.

La predicación que calienta el corazón y que agita la conciencia no nace en la fría atmósfera del intelectualismo, sino en una comunión entrañable y continua con el Señor. A semejanza del apóstol Juan, el predicador tiene que estar cerca del corazón de Jesús, hasta que el resplandor de Su gran corazón llene su ser e irradie a través de su personalidad.

Sin embargo, en esta época agitada y exigente, cuando el pastor se ve acosado por múltiples obligaciones, una de las cosas que encuentra más difíciles es apartar tiempo para alimentar su propia alma. Por ello se necesario dar oído al consejo dado por el piadoso Handley C. G. Moule a sus hermanos más nuevos en el ministerio: «Cuidaos de que ninguna preocupación por las cosas pastorales os permita olvidar la suprema necesidad de recibir de la plenitud de Cristo y de los tesoros de Su Palabra para vuestra propia alma y vida, como si fuera ésta la única alma y vida que existieran.»

Es en la quietud de la confianza en el Señor, que el predicador será conformado y moldeado por el Señor, transformando gradualmente su carácter a imagen del de Su Dueño. Como escribió el apóstol Pablo: «Por tanto, nosotros todos, mirando a cara descubierta como en un espejo la gloria del Señor, somos transformados de gloria en gloria en la misma imagen, como por el Espíritu del Señor» (2.ª Co. 3:18). Una estrecha comunión con Cristo desarrollará también en el predicador una actitud bondadosa, saludable y llena de gracia hacia su congregación. El objeto de su ministerio no será el de conducirlos como si de un rebaño de animales se tratara, sino el de guiarlos y edificarlos «hasta que todos lleguemos a la unidad de la fe y del conocimiento del Hijo de Dios, a un varón perfecto, a la medida de la estatura de la plenitud de Cristo» (Ef. 4:13).

No hay ningún sucedáneo para una vida y carácter piadosos. Predicar la verdad sin vivirla no impresionará a nadie; pero una vida santa, con amor e interés por los demás, es el mejor sermón que pueda predicar un ministro. Es por esta razón que Pablo amonestó a Timoteo: «Ninguno tenga en poco tu juventud, sino sé ejemplo de los creyentes en palabra, conducta, amor, espíritu, fe y pureza» (1.ª Ti. 4:12). Una vida ejemplar como la aquí mostrada no es el resultado de una mera imaginación, ni tan siquiera de un fervoroso deseo, ni se produce también en una semana, ni en un mes, ni en un año. La vida y el carácter piadosos vienen solamente a través de un largo proceso de aplicación constante de las leyes del crecimiento espiritual, y del diligente cultivo de la comunión diaria a solas con Cristo. Sea cual fuere el costo, el ministro que relaciona las Escrituras con la necesidad actual, tiene que disciplinarse a sí mismo para apartar tiempo para este santo ejercicio. Solamente de esta manera será capaz de hablar de parte de y para su Señor, y podrá ministrar eficazmente a las necesidades espirituales de los hombres.

2.   **A fin de tener éxito en relacionar la Biblia con la escena presente, el hombre de Dios ha de tener una buena instrucción.**

Es esencial que el pastor tenga una amplia base académica, con un conocimiento inteligente, tanto de las Escrituras como de los asuntos humanos. Debiera tener una sólida base de conocimientos generales y también un dominio y entendimiento profundo de las Escrituras y de la doctrina. No solamente debe haber recibido una buena instrucción en las escuelas, sino que tiene que mantenerse informado de lo que sucede. Tendrá que leer mucho. Su lectura deberá incluir, tanto los escritos del campo secular, como del religioso. Tendrá que mantenerse al día de las tendencias teológicas contemporáneas y de otros movimientos que afectan a la vida y el servicio de su congregación. Además, tendrá que dar una constante atención al pensamiento del hombre de la calle, tal como se expresa o refleja en la prensa diaria y periódica.

Si un ministro ha de aplicar la verdad de una manera eficaz a su congregación, tiene también que ser un estudioso diligente de la Palabra de Dios. A renglón seguido de su propia vida devocional, nada es más importante para el ministro que ser un estudioso constante y serio de la Biblia. No es suficiente que uno tenga una fe firme, una sana instrucción académica y bíblica y un conocimiento de homilética. Si el mensajero de Dios se apoya solamente en esto, no podrá mantener un ministerio adecuado y eficaz en el púlpito. Una de sus funciones principales es la de conocer las Escrituras más y más, a fin de poder explicar su contenido a su congregación. Esto puede conseguirse solamente mediante una concentración de esfuerzo, meditación prolongada y aplicación intensa durante los años de su ministerio. Como Esdras en la antigüedad, tiene que disponer su corazón a conocer la Sagrada Palabra, sin dejar que nada tome el primer lugar sobre las horas que tiene que pasar en su estudio.

3. **Otra calificación que un predicador debiera poseer, si va a aplicar la verdad de una manera eficaz, es un conocimiento de la naturaleza humana.**

Siempre que alguien se dirige a una congregación, se enfrenta a un grupo de personas con un conjunto de problemas espirituales y emocionales, y ansiedades personales. También se hallan en una variedad de estados de madurez espiritual y emocional, así como de madurez física e intelectual.

Es de gran importancia que el predicador conozca la naturaleza humana, con toda su complejidad. Si va a tener éxito en persuadir a la gente, tiene que saber cómo se persuade a la gente, y tiene que comprender sus variadas disposiciones, actitudes, ideales e intereses. Además, debiera ser observador de los impulsos humanos básicos, y conocedor de cómo estas disposiciones se reflejan en el comportamiento humano. Además, tiene que poder reconocer las características generales de la madurez. Naturalmente, el mismo predicador tiene que ser maduro, con una personalidad integrada y bien equilibrada.

El ministro debería tener también una comprensión sensible a las necesidades de los varios grupos de edades: las necesidades de los niños pequeños, de los adolescentes, de los jóvenes, de los hombres y mujeres solteros, de las parejas casadas jóvenes, de los padres, y de los de mayor edad. Por ello, sería aconsejable que estudiara un curso adecuado de psicología, a fin de poder aprender estas necesidades humanas y las pautas de comportamiento que se relacionan con los distintos grupos de edades.

4. **Para poder relacionar las verdades de las Escrituras con los problemas y circunstancias de su congregación, el ministro tiene que familiarizarse con sus condiciones y relaciones.**

Pablo podía decir a los cristianos en Filipos: «Os tengo en el corazón» (Fil. 1:7), y así, con esta actitud, su epístola respira el espíritu de uno que estaba vitalmente interesado en ellos. El siervo del Señor que ministra Su Palabra, tiene que mostrar un interés semejante en su congregación, y al ir visitando a sus miembros, descubrirá pronto las circunstancias y condiciones que afrontan.

El pastor sincero y dedicado, que se mantiene así en contacto e identificación con las cargas y dolores de la humanidad, y que vive al mismo tiempo cerca de Dios, podrá discernir en las Escrituras estas verdades que tienen significado para las personas a las que trata de ayudar.

La capacidad de ver estas relaciones vitales entre las necesidades de la gente y la Biblia, aumentará al ir creciendo, a su vez, las observaciones y el conocimiento de la naturaleza humana del predicador. De hecho, si el pastor planifica de manera sabia y en oración cada visita que haga, esto le podrá ayudar a descubrir los gozos y dolores de la persona visitada, sus esperanzas y temores, sus triunfos y fracasos, y le preparará para la tarea de escudriñar las Escrituras para el mensaje y las verdades que pudieran serle de ayuda en su situación particular.

5. **Otra calificación para un ministro que quiere comunicar las Escrituras eficazmente, es que debería hablar con naturalidad.**

No ha sido nuestro propósito en este libro tratar el tema de la predicación del sermón, pero debido a que mucho depende de la manera en que un sermón sea proclamado, así como de su contenido, creemos que hay un aspecto particular en relación con la comunicación oral del mismo, sobre el que se tiene que hacer especial mención.

Debido a las presiones de sus deberes y a su celo por proclamar la verdad de Dios, el predicador puede no estar consciente de la tensión bajo la que está trabajando. El resultado de una presión tan continua se revela en ocasiones cuando el hombre se halla en el púlpito. En lugar de estar en el mejor de sus momentos, hablando de una manera llena de gracia y relajada, puede ponerse tenso y emocional. Entonces, su predicación puede llegar a ser innatural, y tender a hablar demasiado fuerte o con demasiado énfasis.

Cuando el mensajero del Evangelio está hablando de esta manera, está involuntariamente poniéndose tenso al proclamar su discurso. Al mismo tiempo, hace que a sus oyentes les sea más difícil seguirle, porque por ortodoxo o importante que sea su mensaje, será un esfuerzo para su congregación dar una atención adecuada a su mensaje.

Charles H. Spurgeon declaró una vez que «la perfección de la predicación es hablar». En otras palabras, estaba diciendo que la manera más eficaz de predicar es hablar en un estilo conversacional normal, como si el predicador estuviera contando su mensaje de la misma manera natural que si estuviera conversando con un único interlocutor.

Cuando el orador pronuncia su mensaje sin esfuerzo ni tensión, no solamente se relaja, sino que facilita a su congregación que le pueda oír cómodamente. Este estilo de predicación liberará también al predicador de cualquier tendencia a una actuación formal o artificial, porque, si quiere recordarlo, la congregación prefiere siempre escuchar a un hombre que es él mismo.

Pero esto no significa que la predicación del ministro tiene que carecer de animación. Al contrario, la delicia de compartir de la Palabra de Dios aquello que demostrará ser inspirador y edificante para los oyentes, debiera, por sí mismo, dar el estímulo que necesita el predicador para hablar con entusiasmo. De hecho, la seriedad y sinceridad con las que pronuncie su sermón, y la misma expresión de su rostro y mirada, mostrarán a la audiencia que él mismo ha experimentado la verdad que trata de impartirles. Porque, en último análisis, no hay ninguna elocuencia mayor que el habla natural y lleno de gracia que brota de un corazón cálido y amante.

6.   Finalmente, para que el ministro obtenga la respuesta correcta a su mensaje, tiene que estar en completa dependencia de la obra del Espíritu de Dios.

Después de todo lo que se ha dicho acerca de la aplicación, tiene que reconocerse siempre que, en último término, la persuasión es siempre la obra de la Tercera Persona de la Trinidad. El ministro puede predicar la Palabra con la mayor de las fidelidades, puede efectuar las llamadas más fervientes o amonestar con la más profunda solemnidad, pero, a no ser que el Espíritu Santo aliente el mensaje y vivifique los corazones de los oyentes, el sermón, por sí mismo, no hará nada. Solamente el Espíritu de verdad puede mover la conciencia y la voluntad, santificar el alma, escribir la ley de Dios sobre el corazón, y estampar la imagen de Dios en el carácter. El mismo Señor Jesús dependía del Espíritu Santo para darle poder «en los días de su carne», porque al empezar Su ministerio público dijo: «El Espíritu del Señor está sobre mí, por cuanto me ha ungido... a predicar el año agradable del Señor» (Lc. 4:18-19). ¡Cuán necesario es, entonces, que el hombre de Dios sea controlado por el Espíritu Santo, de manera que cuando se halle ante el púlpito para proclamar la Palabra de Dios, el mismo Espíritu Santo pueda dar poder a cada palabra y obrar eficazmente en los corazones de los oyentes!

Esta predicación ungida por el Espíritu está, por lo general, estrechamente asociada con la oración ferviente. Los apóstoles dijeron: «Nosotros persistiremos en la oración y en el ministerio de la palabra», y el libro de los Hechos es el registro inspirado de lo que el Espíritu de Dios obró mediante estos hombres de oración.

Antes del gran avivamiento en Nueva Inglaterra en la primavera de 1735, Jonathan Edwards se dio por tres días y tres noches a una ferviente súplica. Al caminar arriba y abajo por su habitación, clamaba constantemente a Dios: «¡Dame Nueva Inglaterra! ¡Dame Nueva Inglaterra!» El siguiente domingo por la mañana, al leer su sermón acerca de «Pecadores en las manos de un Dios airado» el Espíritu de Dios actuó poderosamente en la congregación. Hombres y mujeres quedaron tan profundamente convencidos de pecado, que se agarraban a los asientos y columnas del auditorio por temor a ser entonces mismo arrojados al infierno. Tuvo lugar un gran retorno a Dios y el avivamiento que empezó en aquella iglesia se extendió rápidamente por toda Nueva Inglaterra.

En Santiago 5:16 se afirma: «La oración eficaz del justo puede mucho.» Y ciertamente ésta es la necesidad de nuestra época, de apóstoles modernos, con las mismas debilidades quizá que los de la antigüedad, pero que, como ellos, sean hombres de oración. Se precisa de hombres de Dios que se aferren de tal manera al poder de Dios en sus cámaras privadas, que al proclamar la Palabra de Dios, ésta se proyecte con la unción y poder vivificante del Espíritu Santo.

PRINCIPIOS PARA DAR PERTINENCIA A LA VERDAD

1. **Relacionar el sermón con problemas y necesidades básicas de las personas.**

Ya hemos señalado que si el predicador ha de tener éxito al aplicar la verdad, debe tener un conocimiento de la naturaleza humana y de las pautas de comportamiento de varias clases de individuos. En la comunicación de la Palabra de Dios, es necesario, no solamente poseer una comprensión sensible de los problemas y necesidades básicas de las personas, sino que es también necesario relacionar el sermón con las perplejidades y tentaciones que rodean a los miembros de la congregación cada día. Tenemos que descubrir cómo se puede aplicar el texto de la manera más eficaz a las condiciones de las personas a las que nos estamos dirigiendo.

Para ayudar al joven predicador a descubrir la relación de las Escrituras con las necesidades humanas, sugerimos que haga una lista de los rasgos humanos y de las pautas de comportamiento características, e intente hallar los textos de las Escrituras, así como ejemplos bíblicos, que tratan de ellos. Con la ayuda de la *Nave's Topical Bible (Biblia temática Nave)*, para los que conozcan inglés, el estudiante descubrirá pronto una gran abundancia de material en la revelación divina acerca de problemas emocionales, como el sentimiento de culpa, la frustración, la soledad, el temor, el odio, la ira y los celos. Y cuanto más aprenda acerca de la relación entre el Libro y las necesidades de los hombres, tanto más adecuado será para ministrarles.

También hemos afirmado antes en este capítulo, que es la obligación del predicador familiarizarse con las situaciones diarias que afrontan las personas de la congregación, y comprender su forma de pensar. Si el sermón tiene que relacionarse con sus oyentes, el predicador debiera introducir material que haga vibrar de inmediato las cuerdas en los corazo-

nes de su audiencia, por lo peculiarmente apropiado que es
para la situación en que se encuentran.

2. Usar la imaginación de tal manera que devuelva a la vida escenas y personajes de la Biblia.

Como hemos visto en un capítulo anterior, la imaginación
puede jugar un papel vital en un sermón. Esto es especialmente cierto cuando se trata de la aplicación de la verdad a los
oyentes. Pero tenemos que ser siempre muy cuidadosos para
usarla de una manera juiciosa, y para no dejarnos arrastrar
por imágenes muy fantasiosas, que pudieran ser inapropiadas
o de mal gusto.

Observemos cómo se puede usar la imaginación, aplicán-
dola a dos personajes de las Escrituras, a fin de relacionar la
Palabra de Dios con los problemas y necesidades de los miembros de la congregación.

Supongamos que estamos dando un mensaje acerca de
Génesis 45:1-15, y que, habiendo expuesto los versículos 4
al 8, estamos listos para efectuar la aplicación. Podríamos entonces actuar así:

¡Qué magnífico espíritu de perdón es el que José mani-
festó hacia sus hermanos! Pensad en los años de indecible
angustia, mental y física, por los que pasó, todo debido a
la maldad y odio de sus hermanos, y, sin embargo, no expresó una sola palabra de represión ni de dureza, ni evi-
denció el más mínimo asomo de malicia hacia ellos. Al contrario, no les mostró otra cosa que bondad y gracia a estos hombres que le habían hecho tanto daño. Ciertamente,
ninguno de nosotros podrá decir que nos hayan hecho tanto daño como el que le hicieron a José, ni hemos pasado
por los amargos tragos que José tuvo que pasar. ¿Ha perdonado alguno de nosotros tanto como José perdonó a sus
hermanos? Si somos cristianos podemos verdaderamente decir: «Dios nos perdonó en Cristo» toda nuestra deuda.
¿Cuál debiera ser, entonces, nuestra actitud hacia un her-

mano que nos haya dañado? Es indudable que una de las razones por las que Dios cambió todo el mal en bien en la vida de José, fue porque él nunca anidó dentro de sí ninguna amargura ni mala voluntad hacia aquellos que habían sido tan responsables por su desgracia. Y el Señor, ciertamente, cambiará en bien todo mal que haya podido caer sobre nosotros por el descuido o mala voluntad de otros si, como José, mantenemos un espíritu benevolente y perdonador hacia aquellos que puedan habernos dañado.

Para nuestro segundo ejemplo podemos elegir Hebreos 11: 24-27. En estos versículos hallamos que se le presentaron tres atracciones a Moisés en Egipto: honor, riquezas y placeres, pero se dio cuenta de que si quería ser verdaderamente un hombre de Dios tenía que darle la espalda a todo ello. Asumiremos que hemos expuesto el texto, y que hemos mostrado cómo cada una de estas atracciones tentó a Moisés para llevarlo al mundo. A continuación presentamos la aplicación:

Miremos que ninguna de las cosas que le fueron presentadas a Moisés eran malas en sí mismas. Dios quiere que tengamos el respeto de nuestros semejantes, que usemos nuestros talentos para alcanzar beneficios en este mundo, y que nos tomemos un tiempo para recreo y placer. Pero cuando cualquiera de estas cosas, perfectamente correcta y legítima por sí misma, nos estorba de darnos enteramente a Dios, entonces es mala. Al sopesar Moisés las trivialidades pasajeras que el mundo le podía ofrecer frente a su futuro galardón, tomó su decisión. Lo mejor que tenía el mundo para ofrecerle palidecía frente al privilegio de caminar con Dios y de ser reconocido por Dios. Vio que lo que Dios quería de Él no era su patrocinio, sino su comunión. Hay demasiados creyentes que solamente le dan a Dios su patrocinio: están dispuestos a dar a la Iglesia, a apoyar a las misiones y a los misioneros, y a servir en alguna forma u otra en la obra del Señor. Lo que Dios quiere de nosotros no es nuestro patrocinio. Puede pasarse sin él. Lo que Él quiere es a nosotros. Nos quiere a nosotros, mente, corazón y alma. Quiere nuestra comunión, pero como el apóstol Pablo dijo, tiene que ser «la comunión de Sus sufrimientos».

3. Emplear ilustraciones que muestren cómo la verdad se puede aplicar a las vidas de las personas de la congregación en el ambiente cotidiano.

Los individuos a los que el ministro predica el domingo son hombres y mujeres, chicos y chicas, que afrontan las realidades de la vida de día en día. Se ven ante presiones, frustraciones, tentaciones, problemas y penas, y necesitan, no solamente que se les muestre por el texto de las Escrituras, sino también por situaciones de la vida, cómo la Biblia tiene una relevancia práctica en sus propias circunstancias.

Por ello, las ilustraciones que se extraen de la vida y que se usan de una manera apropiada, pueden tener un efecto real sobre los oyentes.

Consideremos el siguiente incidente que viene de un sermón acerca de Lucas 19:1-10, predicado por J. Vernon McGee, anterior pastor de la Iglesia de la Puerta Abierta en Los Ángeles, California. El doctor McGee comentaba acerca del hecho de que, cuando Zaqueo se volvió al Señor, pasó de inmediato a hacer restitución por los males que había hecho a otros. Entonces, el doctor McGee citaba de una carta nunca publicada, fechada el 2 de enero de 1900, escrita por Frank DeWitt Talmage al doctor R. A. Torrey, que el doctor McGee descubrió de manera puramente accidental mientras revolvía algunos papeles en un escritorio que había pertenecido al doctor Torrey. La carta era una confesión del doctor Talmage al doctor Torrey y decía en parte:

> Querido Torrey:
> Hoy me encuentro bajo la sombra de dos dolores; primero, la muerte de Moody; segundo, por el hecho de que puedo haber cometido una gran injusticia contra usted. (En este punto seguía la confesión del mal cometido, pero debido a la naturaleza personal de la ofensa, el doctor McGee no quiso revelarla.)

Si hay alguna manera en que pueda rectificar el mal, lo haré de todo corazón... Que el dulce espíritu de aquel que se ha ido me haga predicar con mayor fidelidad el Evangelio de amor.
Suyo entristecido,

(Firmado)
Frank DeWitt Talmage

A continuación, el doctor McGee hacía esta aplicación:

Me vinieron lágrimas a los ojos cuando leí estas palabras que habían estado escondidas de la luz pública durante medio siglo. Causa sobresalto lo lejos que hemos llegado después de medio siglo. Retenemos las tradiciones del fundamentalismo, pero, ¿cuándo ha sido la última vez que se ha visto tal dulce, humilde y apacible confesión de haber hecho algo malo? Los que nos hallamos en los círculos fundamentales parecemos tener la idea de que si la cabeza de un hombre está bien puesta en su sitio, sus pies pueden ir por donde bien le parezca, y sigue siendo un hijo de Dios. Amigo mío, cuando tu cabeza va en una dirección y tus pies en otra, algo hay que está radicalmente mal. Zaqueo no dijo que fuera un fundamentalista. No lo tuvo que decir, porque lo demostró con sus obras.

4. Extraer del texto principios universales que sean aplicables en todo tiempo.

En el curso de la exégesis, en ocasiones pueden saltar a la vista del predicador verdades destacables de la porción de las Escrituras que está estudiando. Siempre que estas verdades se le presenten a su atención, el exegeta debería anotarlas en su hoja de trabajo. Aunque no pueda utilizar cada uno de estos principios en el sermón que está preparando, podrán resultar útiles en una ocasión posterior.

Aquí tenemos cinco principios que Charles R. Swindoll extrajo de la enseñanza del Señor acerca del tema de la ansiedad en Mateo 6:25-34:

La ansiedad nos impide gozar todo lo que tenemos ahora.
La ansiedad nos hace olvidar nuestra propia valía.
La ansiedad es totalmente inútil; no resuelve nada.
La ansiedad borra las promesas de Dios de nuestra mente.
La ansiedad es característica del pagano, no del cristiano.

Es fácil ver que mediante el uso de principios fundamentales como los anteriores, podemos relacionar las Escrituras, redactadas hace siglos, con las personas en la actualidad.

Naturalmente, no es suficiente la mera afirmación de cada principio al avanzar en el sermón. Siempre que sea necesario, deberíamos elaborar o ampliar cada principio.

En algunas ocasiones, un sermón en el que empleamos solamente una o dos verdades universales, puede ser tan eficaz como otro en el que usemos más, siempre que nos tomemos tiempo para ampliarlos o considerarlos extensamente.

Para beneficio del principiante, mostramos a continuación seis principios que hemos extraído del Salmo 23, sacando uno de cada versículo del Salmo.

Cada creyente puede confiar con todo derecho en que el Señor es su guardián personal.

El Señor provee un reposo perfecto para aquel que confía en Él.

Tengo un guía divino totalmente digno de confianza.

El Señor está presente con Su pueblo cuando más le necesitamos.

El Señor provee abundantemente para los Suyos, incluso bajo las circunstancias más difíciles.

Debido a las promesas del Señor, podemos confiar totalmente en Él para todo el camino que se extiende ante nosotros.

No solamente podemos encontrar principios en versículos individuales de un texto, sino que podemos extraer verdades permanentes de una sección entera de las Escrituras. Las siguientes se sacan del Salmo 23 como un todo:

Un creyente que confía tiene la certeza de que tendrá todas sus necesidades cubiertas toda su vida.

El cuidado personal del Señor por cada creyente individual inspira una gran confianza.

La consideración del interés personal que el Señor se toma por cada cristiano produce una bendita certeza.

5. Cerciorarse de que cada aplicación está en consonancia con la verdad del pasaje.

La aplicación correcta de las Escrituras depende de la interpretación precisa del texto. Es por esta razón que debemos esforzarnos en comprender el significado de las Escrituras. Aunque la obra de exégesis pueda ser una tarea lenta y penosa, es de gran importancia que podamos hablar con certeza del significado del texto. No será hasta que hayamos llegado al verdadero significado del pasaje que podremos tener la seguridad de que nuestra aplicación concuerda con la verdad del texto que tratamos.

La siguiente afirmación, basada en la narración de Marcos 16:1-4 con respecto a las mujeres que fueron al sepulcro para ungir el cuerpo del Señor, fue una vez presentada por un estudiante en una escuela bíblica: «Las mujeres fueron al sepulcro preparadas con las especias, así como nosotros debemos ir a Cristo preparados para aceptar Su voluntad y señorío en nuestras vidas.»

Cualquiera que esté familiarizado con este relato del Evangelio de Marcos se dará cuenta de que este estudiante no comprendió en absoluto el significado del texto. Si se hubiera dado cuenta de que las mujeres actuaron con gran arrojo, amor y devoción al ir al sepulcro al romper el día, para ungir el cuerpo de Jesús, es probable que no hubiera ido tan extraviado en su intento de aplicación práctica del texto. En lugar de referirse a la necesidad de aceptar la voluntad y el señorío de Cristo en nuestras vidas, el joven estudiante de la Biblia hubiera podido hablar más bien del hecho de que, cuando hay amor y devoción genuinos hacia el Salvador, habrá evidencia de estas cosas mediante actos de sacrificada dedicación.

6. Como regla general, hay que hacer la aplicación específica o definida.

En demasiadas ocasiones, la llamada es expresada en unos términos tan generales o de una manera tan vaga e indirecta, que no hace impacto en la congregación, ni tiene una relación directa para ellos. Esto se debe, generalmente, al hecho de que el mismo predicador carece de unos objetivos concretos para su sermón, o quizá al poco saludable temor de que se le acuse de fanático o de estrecho de miras.

¡Cuán diferente era la actitud de Pablo! Él podía decir a los ancianos de la iglesia de Éfeso: «No he rehuido anunciaros todo el consejo de Dios» (Hch. 20:27), y a los tesalonicenses les podía decir con toda confianza: «Porque nuestra exhortación no procedió de error ni de impureza, ni fue por engaño, sino que según fuimos aprobados por Dios para que se nos confiase el evangelio, así hablamos; no como para agradar a los hombres, sino a Dios, que prueba nuestros corazones» (1.ª Ts. 2:3-4). Tomando al gran apóstol como nuestro ejemplo, proclamemos con santa libertad, pero al mismo tiempo con un espíritu gentil y amante, la Palabra, de tal forma que indiquemos claramente cómo sus verdades tienen que ver directamente con los hombres.

Una de las mejores formas de dirigir la llamada a una congregación, es mediante el uso de preguntas que se apliquen específicamente a ellos. Tenemos que ser cuidadosos, sin embargo, en que las preguntas sean expresadas de una manera cortés y apropiada, y el predicador debiera incluirse a sí mismo en ellas, con un «nosotros» en lugar de «vosotros».

Como ejemplo de una aplicación específica usamos Josué 5:13-15, que describe la visión que tuvo Josué del Señor cuando estaban frente a la asediada ciudad de Jericó. Cuando Josué vio al varón con la espada desnuda en su mano, le preguntó: «¿Eres de los nuestros, o de nuestros enemigos? Él respondió: No; mas como Príncipe del ejército de Jehová he venido ahora.» El versículo 14 dice a continuación: «Entonces Josué, postrándose sobre su rostro en tierra, le adoró; y le dijo: ¿Qué dice mi Señor a su siervo?» Imaginaremos que hemos expuesto el texto, y que vamos ahora a aplicar la verdad en relación con el efecto de la visión sobre Josué:

> Siempre sucede lo mismo cuando el cristiano ve al Señor. La contemplación de nuestro bendito Salvador nos devuelve a nuestro propio lugar: en el polvo, delante de Dios. Éste es el tema del reino de Dios: «Es necesario que él crezca, pero que yo mengüe.» Esto fue cierto de Josué, de Job, de Isaías, de Daniel, de Pablo y de Juan. ¿Ha sido ésta nuestra experiencia? ¿Ha sido ésta nuestra experiencia hoy? ¿Le hemos visto de nuevo? La evidencia se mostrará ciertamente en la condición de nuestras almas ante Dios, y como Josué nuestra respuesta será: «¿Qué dice mi Señor a su siervo?»

En un mensaje acerca de «El comportamiento del amor», basado en 1.ª Corintios 13, publicado en *Christian Economics*, el 4 de abril de 1967, Kyle M. Yates, profesor de Biblia en la Universidad de Baylor, en Waco, Texas, comienza con una serie de preguntas. Obsérvese cómo estas preguntas dirigen la atención del oyente a la pertinencia del texto en su vida diaria:

> ¿Cómo te comportas en tu andar diario? ¿Serías considerado como cristiano por tu pastor, tu vecino, tu padre y madre, tus hijos, tu esposa, tu marido? Sería una tragedia si cualquiera de estas personas diera un voto negativo. Honradamente, ¿cuál es tu propia respuesta a esta pregunta? ¿Crees de verdad que tu comportamiento demuestra que eres un cristiano? Es una cuestión de tremenda importancia.
> Pablo viene a ayudarte, y te da la imagen clara y definitiva de un cristiano. Podrás hallar su retrato en 1.ª Corintios 13:4-7. No puedes perder de vista ni el argumento ni el veredicto. El ingrediente esencial es el amor.

En *The Calvary Pulpit*, de marzo de 1960, Stephen F. Olford, pastor de la Iglesia Bautista del Calvario de Nueva York, publicó un sermón acerca de «Permaneciendo en Cristo», con Juan 15:1-11 como unidad de exposición. Bajo su encabezamiento principal: «El significado de permanecer en Cristo», Olford utiliza también la interrogación como medio de hacer la aplicación:

> Mirad el versículo 5. Jesús dice: «Separados de Mí nada podéis hacer.» Amigo cristiano, dime, ¿has estado trabajando y luchando duramente durante años, tratando de hacer algo, y sin conseguir nada? ¿Es acaso cierto que no hay fruto en tu vida? ¿Sigues siendo irritable? ¿Provocado por tus hijos? ¿Atacado por paroxismos de ira? ¿Derrotado en momentos de soledad? Otra semana ha transcurrido y no puedes decir lleno de gozo: «Gracias a Dios, he sido el instrumento de traer a otra alma a Cristo. La vida de Jesús en mí, fluyendo a través de mí por el Espíritu Santo, ha avivado a otro ser por el que Jesús murió.» Si no puedes decir esto, sino que quedas lleno de un sentimiento de inutilidad y de derrota, entonces no sabes lo que es permanecer en Cristo. «Separados de mí», dijo Cristo, «nada podéis hacer».

El anterior párrafo debería ser suficiente para capacitar al lector a ver cómo se hace la aplicación de una manera específica o determinada. Sin embargo, se debería observar que la aplicación no tiene que hacerse siempre necesariamente por vía de exhortación o llamamiento. Algunas veces puede hacerse por mera implicación. Por ejemplo, podemos hacer la aplicación, empleando una ilustración adecuada que sirva por sí misma para aplicar la verdad. Pero, sea cual fuere la manera en que se presenta la aplicación, el predicador tiene que cerciorarse de que los oyentes están conscientes del hecho de que está declarando la Palabra de Dios en su relación inmediata con ellos.

El estudiante debería también tener presente que nunca es apropiado hacer una aplicación que vaya dirigida expresamente a un individuo o grupo específicos de la congregación. El recurso de un procedimiento tan poco ético es explotar el sagrado oficio de la predicación a expensas de personas indefensas, e indudablemente, provocará una mala reacción por parte de aquellos hacia los que se dirigían los comentarios del predicador. Por otra parte, cuando se presenta la verdad de manera que los oyentes hacen por sí mismos la aplicación, sin sentir que las afirmaciones del ministro iban dirigidas directamente a ellos, entonces sí que es susceptible de tener un efecto muy positivo.

7. Alentar a los oyentes con unos motivos correctos.

Si el predicador ha dirigido el sermón a los problemas y necesidades de sus oyentes, de forma que pueden sentir cómo la verdad se relaciona directamente con ellos, debería ser natural para el ministro indicar, por ello, una solución a su necesidad. Para hacer esto, sin embargo, necesitará dar a sus oyentes un motivo o incentivo adecuado. El ministro puede incitar a su congregación a la acción, apelando a los más nobles instintos de hombres y mujeres, así como con advertencias relacionadas con las consecuencias de la negligencia o inacción. Puede también motivar a sus oyentes citando algún ejemplo particular de la verdad o acción que está tratando de dar a conocer a su congregación.

8. Relacionar la verdad con los tiempos actuales.

Todos estamos, sin duda, agudamente conscientes del hecho de que estamos viviendo en un mundo de cambios tremendos, tanto en política como en economía, en lo social como en lo religioso y lo moral. Las normas y la disciplina del pasado están siendo consideradas con escarnio, y vemos más y más en la sociedad un apartarse de los frenos de la ley y del orden. El hombre medio se ve vitalmente afectado por estos cambios revolucionarios, al incidir en cada aspecto de su vida diaria.

Es un triste comentario acerca de algunos predicadores, que demasiado de lo que predican se halla apartado de la crítica evaluación bíblica de las necesidades vitales y actuales de las personas de hoy día. Sus sermones cubren una multitud de temas, pero en demasiados casos se hallan divorciados de la vida moderna. Eso, a pesar del hecho de que siempre que la Biblia habla, tanto si es del pasado como del futuro, lo hace a fin de que pueda ser pertinente para el presente.

Si la Palabra de Dios tiene que ser hecha relevante para el individuo, en medio de las grandes convulsiones que tienen lugar en nuestra sociedad, se le tiene que mostrar, no sólo el significado de la Biblia sino también cómo sus verdades son directamente aplicables a él mismo frente a todas las situaciones angustiosas del mundo actual. La predicación que relaciona la verdad con los tiempos y circunstancias del presente, recibe el nombre de predicación interpretativa. Es la presentación de los hechos de las Escrituras, a la vez que arrojan luz sobre los actuales acontecimientos mundiales y su efecto sobre el oyente.

Pero, en tanto que es de vital importancia relacionar la Palabra de Dios con los tiempos que corren, hay ciertos peligros que rodean la predicación interpretativa.

Algunos predicadores, en sus esfuerzos por ser pertinentes, y ante las caóticas condiciones sociales que prevalecen en la actualidad, identifican el ministerio del Evangelio con el servicio social. Así, en lugar de proclamar las verdades de la revelación divina, con frecuencia se involucran en la reforma social.

Muchos otros clérigos se involucran en cuestiones políticas. Parecen pensar que es responsabilidad de ellos hacer pronunciamientos sobre cuestiones políticas, económicas o internacionales. Algunos asumen estas prerrogativas con la dudosa idea de que tienen la última palabra acerca de complejos temas que dejan perplejos a los más preparados estadistas y financieros, pero cuando imponen sus ideas acerca de estos temas, lo que en realidad hacen es dañar su propia influencia en lugar de potenciarla. Nunca leemos en el Nuevo Testamento acerca de los apóstoles tomando posturas sobre la manera en que el gobierno romano regía su imperio, ni vemos que asumieran ninguna resolución para que fuera considerada por el senado en Roma. Cierto es que el pastor tiene derecho, como ciudadano privado, a pertenecer al partido político de su elección, pero como representante de la iglesia, y en sus pronunciamientos desde el púlpito, debiera conservar cuidadosamente la distinción entre los temas políticos y los morales, y evitar denodadamente cualquier cosa que pueda mezclar su ministerio con temas que «son de César».

El ministro que desee llevar la luz de las Escrituras a los temas actuales del mundo tendrá, por ello, que ser un hombre sabio y lleno de discernimiento. No solamente debería mantenerse apartado de las cuestiones políticas, sino que debería ser capaz de distinguir entre la verdad y la falsedad, entre la separación y las componendas, y como fiel pastor debería advertir a su congregación acerca de movimientos religiosos o sistemas de error doctrinal que hacen peligrar la pureza y ortodoxia de la iglesia.

TEMAS VITALES DEL PREDICADOR INTERPRETATIVO

1. El Evangelio

Son tres vitales temas los que debieran atraer la atención del predicador interpretativo. El primero de éstos es el Evangelio, las buenas nuevas de Dios al hombre. En tanto que los diarios señalan constantemente el agravamiento continuo de los asuntos nacionales e internacionales, el mensajero de la Cruz tiene buenas nuevas que dar a los hombres, en medio de todo el caos y angustia en el mundo de hoy. El heraldo del Evangelio debería, así, aprovechar sus oportunidades y proclamar con un sonido claro, nada incierto, las gloriosas nuevas de que Jesús salva.

2. Evangelismo

Otro tema importante es el del evangelismo. No solamente debe el predicador proclamar el Evangelio, sino que también debería alentar a su congregación a que comparta, de todas las maneras posibles, las buenas nuevas con otros. La mejor manera de impulsar el evangelismo es que el mismo pastor esté activamente dedicado a alcanzar a los perdidos, y al tratar a los incrédulos con los que entra en contacto, podrá conducir a su congregación en el ministerio de ganar almas.

Pero el evangelismo no debería quedar limitado a los confines de la propia comunidad. El verdadero espíritu del evangelismo se proyecta en círculos en constante aumento para abarcar un mundo que está perdido en pecado. El ministro que trata de hacer relevantes las Escrituras, tiene que amonestar a sus fieles a la luz de las condiciones del mundo, para que se apresuren a llevar el mensaje de la gracia salvadora a otros, antes de que sea demasiado tarde. La transmisión del Evangelio no debe ser retrasada, porque si el mundo ha de ser alcanzado para Cristo, tenemos que lanzarnos ahora. Por ello, las misiones, tanto las interiores como las exteriores, deberían tener un lugar destacado en el ministerio desde el púlpito.

3. Profecía

Un tercer tema que debería marcar el ministerio del predicador interpretativo es la profecía. Al escribir estas líneas salen noticias sumamente llenas de interés del Oriente Medio, de manera que a duras penas pasa un solo día sin que haya referencia en los diarios a nombres y lugares con los que están familiarizados todos los lectores de la Biblia. De hecho, los acontecimientos que están teniendo lugar en las tierras bíblicas son tan asombrosos que están suscitando el interés, incluso de la prensa secular, acerca de las promesas de Dios a Su antiguo pueblo, Israel.

El predicador no tiene que perder esta singular oportunidad que se le presenta, a través de estos acontecimientos extraordinarios, para dirigir la atención de la congregación a las señales de los tiempos. Es evidente que se están avecinando los cataclismos del juicio del final de esta era, y es la solemne obligación del siervo de Dios exponer aquellos pasajes de la Biblia que predicen las cosas que han de acontecer en el mundo. Los sermones sobre temas proféticos advertirán a los impíos del peligro en que se hallan, despertarán a la Iglesia a su responsabilidad y alentarán a los santos con la esperanza bienaventurada del retorno del Señor Jesucristo. «Tenemos también la palabra profética más segura, a la cual hacéis bien en estar atentos como a una antorcha que alumbra en lugar oscuro, hasta que el día esclarezca y el lucero de la mañana salga en vuestros corazones» (2.ª P. 1:19).

EJEMPLO DE UN BOSQUEJO DE SERMÓN INTERPRETATIVO

A continuación se presenta un ejemplo de un bosquejo de sermón interpretativo en forma expandida, basado en Oseas 10:12: «Sembrad para vosotros en justicia, segad para vosotros en misericordia; haced para vosotros barbecho; porque es el tiempo de buscar a Jehová, hasta que venga y os enseñe justicia.»

Título: *«Tiempo de buscar al Señor»*

Introducción:
    A. Palabras del texto dirigidas a Israel: inmoralidad, vicio, corrupción, violencia desenfrenada en la nación, y Dios utilizó a Oseas para llamar a Israel al arrepentimiento. Si Israel había de buscar a Dios, tenía que ser entonces.
    B. ¿Es este texto aplicable para nosotros?

Proposición:
   El Señor pone en claro cuándo es tiempo de buscarle
Oración interrogativa:
   ¿Cuáles son estas condiciones?
Oración de transición:
   Hay al menos tres condiciones que se presentan en las Escrituras que, cuando existen, indican que es tiempo de buscar al Señor:

   I. Cuando los juicios de Dios se avecinan sobre la tierra
       A. La razón de estas amenazas de juicio
           La Biblia revela a Dios como gobernador moral, tomando nota de las naciones.
           Nada escapa a Su mirada (Pr. 15:3).
           ¡Qué debe ver Él al mirar hoy a nuestra nación!
           Notemos dos condiciones en los Estados Unidos.
           1. Violencia.
               El número de fecha 23 de marzo de 1981 de la revista *Time* afirmaba: «Cada 24 minutos se comete un asesinato en algún lugar de los EE. UU. Cada 10 segundos se roba una casa, y cada 7 minutos una mujer es violada. Pero... la maldición del crimen violento está desencadenada, no solamente en los ghettos de las ciudades deprimidas... sino en todas las zonas, aéreas urbanas, suburbanas y zonas rurales pacíficas. Más significativo, los crímenes se están volviendo más brutales, más irracionales, más indiscriminados, y por ello más temibles.» (Reproducido con permiso de *Time*, the Weekly Newsmagazine; © Time, Inc., 1981.)
           2. Inmoralidad.
               El número del 1 de septiembre de 1980 de *Newsweek* afirmaba: «Casi la mitad de las muchachas entre los 15 y 19 años

de la nación han tenido rélaciones sexuales prematrimoniales, y la proporción está aumentando.» Comentando acerca de la desastrosa influencia de la TV sobre los niños, un profesor de Artes y Ciencias de la Comunicación en la Universidad de Nueva York era citado de la siguiente manera en una revista importante de los EE. UU., del 19 de enero de 1981: «Provoca que ellos [los niños] se impacienten más y más con respecto al cumplimiento retardado de sus deseos. Cosa más seria aún, en mi opinión, es que la televisión está abriendo todos los secretos y tabúes de la sociedad, borrando así la línea divisoria entre la infancia y la condición de adulto, y dejando tras sí una cultura muy homogénea.»

3.   Aborto.
Un párrafo en el número del 1 de marzo de 1981 de *Intercessors for America Newsletter* (Boletín de los intercesores por América), se refiere al increíble potencial de los kits para aborto doméstico, *"hágalo usted mismo"*», y se lamenta de que una compañía farmacéutica destacada haya «prostituido de esta manera sus valores históricos en favor de la vida, al ser pioneros de esta tecnología», y lamentando también una «organización de marketing que alienta la promiscuidad y comercializa servicios mortíferos a adolescentes incautos» (v. 2.ª P. 2:2-9; Pr. 1:24-32).

B.   La naturaleza de los juicios de Dios.
Dios castigó a Israel por su pecado, permitiendo que crueles e inhumanos asirios llevaran cautiva a la nación. Antiguos monumentos muestran a reyes de Asiria sacando los ojos a cautivos de guerra. No sabemos cómo

Dios juzgará a nuestra nación si persiste en el pecado, pero cuando Dios reveló Su propósito a Abraham de destruir Sodoma y Gomorra por sus pecados, Abraham «se acercó» a Dios, para interceder por Sodoma. Resultado: Gn. 19:29-30.

¿Debiéramos esperar hasta que se precipite el juicio de Dios, o, siguiendo el ejemplo de Abraham, buscar ahora a Dios en intercesión por nuestra nación?

Transición:

No sólo tenemos que buscar al Señor cuando se avecinan Sus juicios sobre la tierra, sino que también tenemos que buscarle

II.   Cuando nuestra propia condición espiritual está de baja
       A.   Indicadores de tal condición
              1.   Indiferencia ante la necesidad espiritual de los perdidos.
                    Ilustración:
                    Jonás en el barco en la tormenta. Mientras los marinos paganos estaban clamando cada uno a su dios para ser salvos de la destrucción, el único hombre a bordo que conocía al Dios vivo y verdadero, estaba ¡dormido! Incluso cuando el capitán lo despertó, pidiéndole que orara, no lo hizo. «No hay consciencia tan insensible como la de un creyente desobediente.»
                    Si somos indiferentes a los perdidos, nuestra condición espiritual está muy baja.
              2.   Siguiendo a Jesús de lejos.
                    Ilustración:
                    Pedro seguía a Jesús de lejos, se calentó ante el fuego de los enemigos, finalmente negó a Jesús. ¿Sucede así con nosotros? ¿Fuimos una vez cristianos fervientes y dedicados, pero ahora fríos e indiferen-

tes; perdido el deseo para las devociones, oración, lo espiritual?

B. Los efectos de tal condición

Disciplina. Alguien ha dicho: «Dios sabe cómo dar unos azotes.»

Consideremos cómo Dios «azotó» a Jonás: tragado por un pez. (Cp. Jon. 2:1: «Entonces oró Jonás a Jehová su Dios desde el vientre del pez.»)

Si nuestra condición espiritual está en un punto bajo, ¿vamos a esperar hasta que Dios nos «azote» antes de clamar a Él?

Si estamos conscientes de desobediencia o de seguir a Jesús de lejos, busquemos ahora a Dios antes de que Él tenga que disciplinarnos.

Señalar resultado con Pedro: «Y Pedro, saliendo fuera, lloró amargamente.»

Considerar Ap. 2:4-5, 3:15-19.

Transición:

Podemos discernir que las dos primeras condiciones acerca de las que hemos hablado están presentes en la actualidad. Sin embargo, hay una tercera condición significativa que indica que ya es hora de que busquemos al Señor, esto es,

III. Cuando Dios está listo a derramar Sus bendiciones sobre nosotros

A. El grado de bendición que Dios está dispuesto a derramar. (Os. 10:12: «Es el tiempo de buscar a Jehová, hasta que Él venga y os enseñe justicia.») Y, de ahí, lluvias de bendición

Esto es lo que Dios está esperando para darnos: bendiciones abundantes en avivamiento (Mal. 3:10).

B. Las condiciones bajo las que derramará estas bendiciones:

1. Arrepentimiento.

Oseas 10:12: «Haced para vosotros barbecho.» Hacer barbecho es romper la tie-

rra dura a golpes de arado o azada. De
ahí, dejar que el Espíritu Santo pruebe,
sondee, revele los males; por la gracia
de Dios, abandonar lo malo.

2. Búsqueda ferviente en pos de Él.
Oseas 10:12: «Es el tiempo de buscar a
Jehová hasta que venga y os enseñe justicia.» Así, Dios quiere que persistamos,
que seamos fervientes en nuestro buscar
en pos de Él. (Jer. 29:13 y 2 Cr. 7:14.)

Transición:

Reconociendo que ciertamente ha llegado para nosotros el momento de buscar al Señor, no descui-
demos el hacerlo

Conclusión:

A. Isaías 5:6: «Buscad a Jehová mientras puede
ser hallado, llamadle en tanto que está cer-
cano.» Podrá llegar el tiempo en que sea demasiado tarde para buscarlo

B. *Ilustración:*
Avivamiento en iglesia rural

EJERCICIOS

1. Hacer una lista de pasajes de las Escrituras que traten de los siguientes estados o actitudes emocionales:

(1) Amor.
(2) Temor.
(3) Contentamiento.
(4) Confianza en sí mismo.
(5) Gozo.
(6) Descontento.
(7) Confianza.
(8) Endurecimiento.
(9) Esperanza.
(10) Celos.
(11) Amargura.
(12) Paz.
(13) Egoísmo.
(14) Culpa.
(15) Frustración.
(16) Humildad.

2. Dar para cada uno de los anteriores estados o actitudes emocionales, un ejemplo al menos de su manifestación por parte de un personaje bíblico.

3. Preparar un mensaje temático apropiado para un grupo de edad universitaria. Dar el título, introducción, proposición, oración interrogativa, oración de transición, divisiones principales, subdivisiones y transiciones entre las divisiones principales. Ampliar el bosquejo, usando frases breves siempre que sea posible, como se muestra en los ejemplos de bosquejos ampliados al final de los capítulos 9 y 11.

4. Preparar un sermón textual que sea apropiado para ser pronunciado en una conferencia acerca del servicio cristiano. Seguir las mismas instrucciones que se han dado para el ejercicio 3 acerca de la preparación del bosquejo.

5. Preparar un sermón expositivo apropiado para ser pronunciado ante una convención de escuelas dominicales. Desarrollar el bosquejo de acuerdo con lo expresado en el ejercicio 3.

6. Dar cuatro títulos para una serie de mensajes acerca del evangelismo. Seleccionar uno de estos títulos, y preparar un sermón acerca de él. Usar los mecanismos retóricos considerados en los capítulos 9, 10 y 11 para el desarrollo del discurso, y escribir el bosquejo en forma ampliada, como los que se hallan al final de los capítulos 9 y 11.

7. Preparar un sermón basado en una de las partes proféticas del Antiguo o Nuevo Testamento. Dar el título, introducción, proposición, divisiones principales y subdivisiones. Redactar la aplicación, palabra por palabra, mostrando la pertinencia del texto en la actualidad.

8. Conseguir de la biblioteca de la escuela o de otras fuentes, sermones publicados por dos conocidos predicadores del pasado y del presente, como:

> Charles Haddon Spurgeon
> G. Campbell Morgan
> George W. Truett
> W. Graham Scroggie
> Donald Grey Barnhouse
> D. Martyn Lloyd-Jones
> John R. W. Stott
> Dwight L. Moody
> Warren W. Wiersbe
> Samuel Vila
> Arnoldo Canclini
> José M. Martínez
> Luis Palau
> Asdrúbal Ríos
> Adolfo Robleto

Leer un sermón de cada autor, y a la luz de lo que se ha aprendido de homilética, tomar notas acerca de los siguientes puntos en cada sermón:

(1) Las cualidades del tratamiento.
(2) Las fuentes de material usadas por el predicador.
(3) Los procesos retóricos empleados.
(4) La manera de hacer la aplicación.

Capítulo **12**

LA CONCLUSIÓN

DEFINICIÓN DE LA CONCLUSIÓN

Hemos aprendido que cada sermón precisa de unidad y de propósito. Al comenzar, el predicador se dispone a conseguir un objetivo con el sermón. Este objetivo tiene que ser siempre claro y preciso, y debe controlar todo lo que el ministro dice en su discurso, de manera que las varias partes del mensaje se muevan hacia el mismo fin definido y específico.

Por ello, la conclusión es el punto culminante de todo el sermón, en el que el constante objetivo del predicador llega a su meta en forma de una poderosa impresión.

Tendría que quedar claro que la conclusión no es, ni un mero apéndice al cuerpo del sermón, ni tampoco una serie de superficialidades sin relación con el mensaje, sino una parte integral del sermón. Es la parte final del sermón, donde todo lo que ha sido anteriormente expresado es concentrado en fuerza o intensidad para producir un vigoroso impacto sobre la congregación.

Sigue, por tanto, que la conclusión no es el lugar para la introducción de nuevas ideas o argumentos. Su único propósito es el de enfatizar, reafirmar, establecer o finalizar aquello que ya ha sido declarado en el sermón, con el objeto de hacer patente ante los oyentes el principal objeto del discurso.

Indudablemente, la conclusión es el elemento más potente de todo el sermón. Si se hace pobremente, puede debilitar o destruir el efecto de las secciones anteriores del discurso. Pero algunos predicadores olvidan la importancia de la conclusión, con el resultado de que sus sermones, que por otra parte pueden estar preparados de una manera esmerada y profunda, fallan en este punto crucial. En lugar de concentrar su material en un foso poderoso y ardiente, permiten que la corriente de pensamiento se disipe en unos lugares comunes o en unos débiles comentarios como conclusión.

Por otra parte, una buena conclusión puede, en cierta manera, compensar las deficiencias de otras secciones del sermón, o servir para potenciar la impresión que las partes anteriores puedan haber ejercido sobre la congregación.

Debido a la vital importancia de la conclusión, el ministro debiera poner el máximo cuidado en su preparación y buscar, de todas las formas posibles, que la impresión final sea poderosa y decisiva.

FORMAS DE CONCLUSIÓN

Hay varias formas de conclusión. Al considerarlas, se debería recordar que la forma particular que se emplee deberá variar de un sermón a otro, dependiendo del tipo de sermón que vaya a ser predicado, y de su contenido, así como también del estado o condición de los oyentes. Además, habrá ocasiones en que será indicada la combinación de dos de estas formas en la misma conclusión.

1. Recapitulación

Una conclusión de este tipo se utiliza cuando el sermón está montado sobre una serie de argumentos o ideas, a las que es necesario que la audiencia preste una estrecha atención, si han de seguir la línea de argumentación del predicador. La reafirmación de las principales ideas del sermón, al final, sirve para recordarles los aspectos principales que han sido considerados, y les prepara para la etapa final del mensaje. Así, la recapitulación no es una mera redundancia, una innecesaria repetición de las divisiones principales, sino un destacar la impresión dada durante el mensaje, a fin de llevar la principal verdad del sermón a un centro focal. El predicador prudente no dará su resumen con las mismas palabras de las divisiones principales, sino que utilizará afirmaciones concisas y puntuales para expresar cada una de estas ideas principales.

2. Ilustración

Las ideas o verdades de un sermón pueden, en ocasiones, ser llevadas a su punto culminante mediante el uso de una ilustración enérgica o adecuada. Éste es especialmente el caso cuando la misma ilustración es un sumario de la principal verdad del mensaje. Por este medio se patentiza la gran verdad espiritual tratada en el sermón delante de toda la congregación. Cuando el predicador utilice una ilustración de este tipo, no será necesario añadir después demasiadas palabras, por no decir que ninguna, a la conclusión. La ilustración, poderosa y llena de significado por sí misma, debería ser una conclusión suficiente.

Un ministro pronunció una vez un sermón acerca de Números 21:4-9, cuando los israelitas fueron mordidos por las serpientes ardientes en el desierto. Después de explicar cómo habían sido sanados los que miraron a la serpiente de bronce que Moisés levantó sobre el poste, el predicador concluyó su mensaje con esta conocida historia acerca de la conversión de Charles Haddon Spurgeon:

> Cuando Spurgeon era joven, sentía tanta culpa por su pecado, que iba de una iglesia a otra en la ciudad, tratando de saber cómo podría ser perdonado. Un domingo invernal, de camino a la iglesia, luchó contra una tormenta

de nieve que se hizo tan violenta, que se vio obligado a ceder. Se dirigió entonces a una calle lateral, en la que halló una pequeña capilla, donde solamente se hallaban quince fieles reunidos. Ni el pastor había acudido debido a la tormenta. En su lugar se levantó un hombre de la congregación para predicar. Para hablar eligió Isaías 45:22: «Mirad a mí, y sed salvos, todos los términos de la tierra, porque yo soy Dios, y no hay más.» Debido a que el hombre sabía muy poco de predicación, su sermón consistió en su mayor parte en la repetición del texto en diferentes maneras. Finalmente, cuando ya no pudo decir nada más acerca del pasaje, dirigió su atención a Spurgeon, que estaba sentado al fondo de la iglesia. Le habló directamente: «Joven, parece muy infeliz, y nunca dejará de ser infeliz —en vida y en muerte— si no hace lo que este texto le indica. Pero si sencillamente mira a Jesús, será salvado.» Entonces gritó: «¡Joven, mire a Jesús!» En aquel momento, Spurgeon dejó de encerrarse en su propia culpabilidad e incapacidad y empezó, en lugar de ello, a confiar en Cristo para su salvación. Su desesperanza se desvaneció y se llenó de gozo. Sabía ahora que sus pecados estaban perdonados, no por ningún esfuerzo de su parte, sino sencillamente porque había mirado a Cristo y sólo a Cristo para su salvación.

3. Aplicación o llamamiento

Al ir acercándose el mensaje a su fin, el efecto que debería tener en los miembros de la congregación debería ser el que se preguntaran: ¿Qué es lo que esta verdad tiene que ver conmigo, con mis relaciones en casa, en la iglesia, en mi negocio y en mi vida y conducta diarias? Por ello, el predicador debería acabar muchos de sus sermones con una aplicación directa o con un llamamiento en el que pida una respuesta a las verdades vertidas en el mensaje. En algunas ocasiones, la aplicación más eficaz es la recapitulación del pensamiento central del sermón, mediante la repetición de la proposición o idea homilética. En otras ocasiones, el ministro podría emplear dos o tres principios del pasaje que ha sido expuesto, para llevar el discurso a su conclusión. Ya que estos principios permanentes están siempre relacionados con la vida, no tienen que ser desarrollados; unos breves comentarios en relación con cada uno de ellos serán, generalmente, todo lo preciso.

4. Motivación

En la conclusión, no sólo debe imponerse, frecuentemente, una obligación moral sobre hombres y mujeres, sino también darles un incentivo para responder personalmente al reto que se les ha presentado. Este incentivo puede tener una gran variedad de formas.

En algunos casos, el predicador tendrá que infundir en los corazones de los presentes un temor por la desaprobación divina hacia las malas acciones o los malos pensamientos. En otras ocasiones debería, por el contrario, apelar a ideales, como el amor hacia Dios y al hombre, valor y fortaleza, integridad y pureza, nobleza y respeto propio. Cualquiera que sea el enfoque adoptado, deberíamos proponernos persuadir a la audiencia a que responda positivamente a las demandas divinas sobre ellos.

Sea cual fuere el propósito del sermón, el predicador debería recoger en la conclusión todas las principales líneas de pensamiento aparecidas en el discurso, a fin de provocar una respuesta personal. Es éste el propósito por el que se proclama un sermón bíblico: demanda una respuesta apropiada de parte del individuo, bien en actitud, bien en acción. Por ello, el ministro debería dar una cuidadosa atención a la conclusión, de manera que en los vitales momentos de toma de decisión, sus palabras puedan ser lo mejor dirigidas y lo más eficaces posible.

No obstante, es un error pensar que un sermón tiene que acabar con un llamamiento emocional o patético, en el que el predicador se lanza a una calenturienta excitación o a un estado emocional. Bien al contrario, un final natural, sencillo y apacible es, por lo general, mucho más impresionante y eficaz.

También se ha de señalar que las reprensiones y las advertencias solemnes podrán ser recibidas por la congregación con mejor actitud, si se pronuncian con tierno afecto, que con atronadoras denuncias y vehemencia.

PRINCIPIOS PARA LA PREPARACIÓN DE LA CONCLUSIÓN

1. Por lo general, la conclusión debería ser breve.

Aunque la conclusión es una parte vital del sermón y tiene que ser preparada con dedicación y esmero, no tiene que ser prolongada. Más bien, la conclusión debería ser bastante corta. No se puede indicar ningún lapso de tiempo específico para la conclusión, pero el predicador debería cuidarse de que se dé una proporción debida a la parte principal del sermón, y de que exista tiempo suficiente, bien para atar las ideas del mensaje, o bien para atraerlas poderosamente al punto focal en la conclusión.

Algunos predicadores tienen el hábito de informar a sus congregaciones de que están a punto de finalizar, usando frases tales: «Como conclusión», o «Para terminar», y en lugar de llevar el sermón a su punto final, prosiguen otros diez o quince minutos. Los oyentes esperan ser despedidos en un intervalo de tiempo razonable, y es obligación del orador respetar las expectativas de su gente. Por ello, cuando ha llevado el mensaje al punto en que es adecuado terminar y es la hora de acabar, tendría que dar el punto final.

2. La conclusión debería ser sencilla.

El ministro no debiera esforzarse en hacer una conclusión complicada o adornada. Un lenguaje sencillo, llano y positivo, y al mismo tiempo, penetrante y vigoroso, será mucho más eficaz que un discurso altisonante. El factor importante de la conclusión es hablar con tal claridad, que el propósito del sermón llegue de manera inconfundible a los oyentes.

3. Las palabras finales de la conclusión deberían elegirse con reflexión y esmero.

Estas palabras finales deberían escogerse con el fin de patentizar a la congregación todo el tema acabado de considerar, o para dar clara impresión de la importancia o urgencia del mensaje. A fin de llevar a cabo estos objetivos, las palabras finales pueden tener uno de los siguientes aspectos:

A. *Una intensa y vívida reproducción del pensamiento central del sermón*

Supongamos, por ejemplo, que el predicador ha estado hablando acerca de Juan 15:1-8 sobre «El cristiano lleno de fruto». Sus palabras finales podrían ser algo parecido a esto: «¿No deberíamos preguntarnos a nosotros mismos si somos cristianos con fruto? Jesús dijo: "El que permanece en mí, y yo en él, éste lleva mucho fruto." También se ha dicho: "La rama lo recibe todo de la raíz, y lo da todo en el fruto."»

Lo apropiado de estas afirmaciones finales puede ser totalmente apreciado al observar el bosquejo que sigue:

Título: «*El cristiano lleno de fruto*»
Texto: Juan 15:1-8

Introducción:
    A. La Biblia contiene muchas profundas verdades acerca de la vida cristiana.
    B. Para enseñarnos algunas de estas verdades, Cristo usó en ocasiones ilustraciones o parábolas sencillas, en este caso la vid y los pámpanos fructíferos.

Proposición:
    Uno de los principales propósitos del Señor para Su pueblo es que lleguen a ser cristianos llenos de fruto.

Oración interrogativa:
¿Cómo podemos cegar a ser cristianos fructíferos?
Oración de transición:
Al examinar los puntos esenciales de la parábola de Juan 15:1-8, aprenderemos cómo podemos llegar a ser cristianos fructíferos.

    I. La vid (vv. 1, 5)
        A. Habla de Cristo, la Vid verdadera (v. 1)
        B. Habla de Cristo en relación con nosotros (v. 5)
   II. Los pámpanos (vv. 2-6)
        A. Hablan de nosotros, a través de quienes se tiene que dar fruto (vv. 2, 4-5)
        B. Hablan de nosotros, que tenemos que permanecer en Cristo para llevar fruto (vv. 4-6)
        C. Hablan de nosotros, que tenemos que llevar fruto en abundancia (vv. 2, 5, 8)
  III. El labrador (vv. 1, 2, 6, 8)
        A. Habla de Dios, que quita los pámpanos sin fruto (vv. 1, 2a, 6)
        B. Habla de Dios, que limpia los pámpanos (v. 2b)
        C. Habla de Dios, que es glorificado en que llevemos mucho fruto (v. 8)

Conclusión:
    A. Cada creyente puede ser un cristiano lleno de fruto
    B. Observaciones finales: ver más arriba

B. *Una cita del texto mismo*

Si el predicador ha elegido Juan 15:4 como texto, puede acabar su sermón con las palabras exactas de su texto: «Permaneced en mí, y yo en vosotros. Como el pámpano no puede llevar fruto por sí mismo, si no permanece en la vid, así tampoco vosotros, si no permanecéis en mí.»

C. *Una cita de otro pasaje de Escritura apropiada al sermón*

Asumiendo una vez más que el texto escogido para el discurso es Juan 15:4, el predicador puede acabar con una referencia paralela como la de Gálatas 5:22-23: «Mas el fruto del Espíritu es amor, gozo, paz, paciencia, benignidad, bondad, fe, mansedumbre, templanza; contra tales cosas no hay ley.»

En el bosquejo temático que se muestra a continuación, hemos decidido citar un solo versículo como conclusión al mensaje.

Título: *«¿Qué es lo que hace cristiano a un hogar?»*

Introducción:
A. Definición: «Un hogar es el reino del padre, el mundo de la madre, el paraíso del niño»
B. Se necesitan hoy: más hogares felices, más hogares cristianos
C. La Biblia expone los ideales de un hogar

Proposición:
Un hogar cristiano es un hogar basado en ideales cristianos

Oración interrogativa:
¿Qué ideales podemos hallar en las Escrituras para el hogar cristiano?

Oración de transición:
Hay, por lo menos, tres ideales que podemos hallar en la Palabra de Dios para un hogar cristiano

I. Es un hogar en el que reina el amor
A. En los corazones de los padres entre sí (Tit. 2:11; Col. 3:19; Ef. 5:25, 28-33; 2.ª Co. 13:4-7)
B. En los corazones de los padres hacia los hijos (Tit. 2:4; Gn. 22:2)

II. Es un hogar en que se ejerce la autoridad paterna
A. Por el padre como autoridad definitiva (Ef. 6:4; 6:1-2)
B. Para manifestar Su poder cuando es obedecido (Jn. 2:1-11)

III. Es un hogar en el que Cristo está presente
   A. Como Señor (Ef. 5:22 — 6:4)
   B. En el espíritu adecuado (Ef. 6:4; Col. 3:21)
Conclusión:

> Juan 14:21: «El que tiene mis mandamientos, y
> los guarda, ése es el que me ama; y el que me
> ama, será amado por mi Padre, y yo le amaré,
> y me manifestaré a él»

D. *La cita de un poema o estrofa de un himno apropiado*

Como hemos señalado en el capítulo 9, las citas de himnos o de poesía deberían ser generalmente muy breves, normalmente una estrofa o quizá dos líneas de un poema. Un mensaje de Mateo 11:28-29 podría terminar de manera adecuada con un poema como el que sigue:

> Si tengo cargas que solo debo llevar,
> Paciente las alzo acudiendo a mi Señor;
> Si tengo cruces que nadie puede cargar,
> Su ayuda siempre mi Señor, me presta con amor.

E. *Un poderoso reto o llamamiento*

Si el predicador pronuncia un mensaje evangelístico acerca de «Tres hombres que murieron en el Calvario», en el que habla de Cristo en la cruz central y de los ladrones, el arrepentido y el impío, uno a la izquierda de Jesús y el otro a Su derecha, sus palabras finales podrían ser así: «Cada hombre y mujer está en la actualidad en el lugar de estos dos ladrones. O estamos arrepentidos o no, o somos salvos o no: ¿dónde estás tú?»

Repetimos el bosquejo sobre Lucas 15:11-24, dado en el capítulo 6, y llamamos la atención del estudiante a la conclusión, que consiste en la utilización de una ilustración seguida de un llamamiento. El llamamiento, en este caso, es algo similar al dado en el último párrafo.

Título: *«Perdido y hallado»*

Introducción:

A. En la Feria Universal de Chicago, a fin de ayudar a los padres que habían extraviado a sus hijos, las autoridades establecieron un departamento de «niños perdidos encontrados».

B. Lucas 15 es el «Departamento de Perdidos y Hallados» de la Biblia. Aquí Jesús nos habla de tres cosas que se perdieron y se volvieron a encontrar: una oveja, una moneda y un hijo.

C. La historia del hijo que se perdió y fue vuelto a encontrar, ilustra la historia de un pecador arrepentido que estaba «perdido» y ha sido «hallado».

Proposición:
El Señor recibe gozoso al pecador arrepentido
Oración interrogativa:
¿Cómo surge esta verdad en la historia del hijo pródigo que fue «perdido y hallado»?
Oración de transición:
Esta verdad surge en la historia cuatripartita de un pecador arrepentido, que representa la historia del hijo pródigo

I. La culpa del pecador (vv. 11-13)
   A. En su voluntariedad (vv. 11-12)
   B. En su vergüenza (v. 13)
II. La miseria del pecador (vv. 14-16)
   A. En el hambre de su alma (v. 14)
   B. En sus vanos esfuerzos por aplacar su hambre (vv. 15-16)
III. El arrepentimiento del pecador (vv. 17-20a)
   A. Con la consciencia de su pecaminosidad (vv. 17-19)
   B. En su retorno a Dios (v. 20a)
IV. La restauración del pecador (vv. 20b-24)
   A. En la bienvenida que le da Dios (vv. 20b-21)
   B. En el favor que Dios le otorga (vv. 22-24)

Conclusión:

Ilustración: Había otro muchacho perdido: el hijo mayor

Estaba en el campo cuando su hermano volvió al hogar. Cuando su padre le invitó a que participara en la fiesta que estaba celebrándose en la casa por el retorno de su hermano, rehusó. Afirmó que había vivido justamente toda su vida y que él era más merecedor de recompensa que el pródigo. El hijo mayor estaba perdido y totalmente carente de arrepentimiento. El pródigo volvió al hogar por cuanto se arrepintió de su pecado. Por otra parte, el hijo mayor, por lo que atañe a la narración, nunca se reconcilió con su padre.

Los dos hijos son tipos de dos clases de personas. El primero, del pecador que va a Dios reconociendo abiertamente su necesidad de perdón; el otro es el que pretende tener tal justicia propia, que se considera como no necesitado de arrepentimiento.

¿Te has encontrado tú, como el hijo pródigo, admitiendo tu culpa y descubriendo la plenitud de Su perdón? ¿O eres acaso como el hijo mayor, demasiado bueno para necesitar el perdón de Dios? El Salvador dijo: «Al que a Mí viene, no le echo fuera.» ¿No quieres venir a Él ahora mismo?

Observemos que en este último ejemplo, como en el anterior, las palabras que cierran el llamamiento son una pregunta, dejando que el oyente dé su propia respuesta.

4. La conclusión debería quedar expresada en el bosquejo en unas pocas oraciones o frases.

Como todas las otras secciones del bosquejo del sermón, la conclusión debiera ser expresada de una manera tan breve como fuera posible, escribiendo cada punto o idea en una línea separada. La ilustración que se da a continuación, que es la conclusión del bosquejo acerca de «El salmo del contentamiento» dado en anteriores capítulos, muestra cómo debería hacerse:

Conclusión:
A. Juan 10:4, 16, 27: Las ovejas de Cristo «oyen Su voz»
B. Si todo lo que se dice acerca de la oveja en este salmo ha de ser cierto en nuestra experiencia, debemos escuchar constantemente la voz de Cristo, seguirle

A fin de que el estudiante pueda ver cómo la conclusión va relacionada con el cuerpo del sermón, presentamos ahora el bosquejo entero:

Título: *«El salmo del contentamiento»*
Texto: Salmo 23

Introducción:
A. Pastor en Idaho con un rebaño de 1.200 ovejas, incapaz de dar una atención individualizada a las ovejas
B. Contrastar con el Pastor de este salmo, como si solamente tuviera que cuidarse de una oveja
C. Cada hijo de Dios se reconoce a sí mismo en la oveja de la que se habla en este salmo

Proposición:
El contentamiento es la feliz prerrogativa de cada hijo de Dios
Oración interrogativa:
¿En qué se basa este contentamiento?
Oración de transición:
El Hijo de Dios aprende de este salmo que, como oveja del Señor, su contentamiento se basa en tres hechos en relación con la oveja

I. El Pastor de la oveja (v. 1)
   A. Un Pastor divino (v. 1)
   B. Un Pastor personal (v. 1)
II. La provisión de la oveja (vv. 2-5)
   A. Reposo (v. 2)
   B. Conducción (v. 3)
   C. Consuelo (v. 4)
   D. Abundancia (v. 5)
III. La esperanza de la oveja (v. 6)
   A. Una brillante esperanza para esta vida (v. 6)
   B. Una bendita esperanza para el más allá (v. 6)
Conclusión:
   A. Juan 10:4, 16, 27: «Las ovejas de Cristo "oyen Su voz"»
   B. Si todo lo que se dice acerca de la oveja en este salmo ha de ser cierto en nuestra experiencia, debemos escuchar constantemente la voz de Cristo, seguirle

Con permiso de su autor, mostramos a continuación un bosquejo de un sermón expositivo preparado por James Morgan, estudiante de homilética en la Escuela Bíblica Multnomah.

Título: «*Principios de la proyección misionera eficaz*»
Texto: Hechos 13:1-5

Introducción:
   A. Nunca en la historia de la Iglesia ha habido una mayor oportunidad para el evangelismo.
   B. Mucha parte del mundo está abierta para nosotros y, como veremos, la Iglesia, en la actualidad, no tiene por qué fracasar en el cumplimiento de la responsabilidad que Dios le ha dado.

Proposición:
   Los principios divinos para la proyección misionera garantizan el éxito

Oración interrogativa:
¿Cuáles son estos principios?

Oración de transición:
Hechos 13:1-5 revela cuatro principios eficaces para la proyección misionera:

I. Tiene que haber personas de calidad a disposición (v. 1)
    A. Hombres que estén en comunión activa en la Iglesia (v. 1)
    B. Hombres que estén equipados espiritualmente (v. 1)

II. Tiene que haber un llamamiento del Espíritu Santo (v. 2)
    A. Hombres que han sido llamados por una elección específica (v. 2)
    B. Hombres que han sido llamados a un ministerio específico (v. 2)

III. La Iglesia tiene que identificarse con los misioneros (v. 3)
    A. Tiene que orar con ellos (v. 3)
    B. Tiene que comisionarles (v. 3)
    C. Tiene que aceptar la responsabilidad al enviarles (v. 3)

IV. Los enviados tienen que laborar de manera diligente (vv. 4-5)
    A. Tienen que obedecer la guía del Espíritu Santo (v. 4)
    B. Tienen que predicar la Palabra de Dios (v. 5)
    C. Tienen que trabajar en mutua cooperación (v. 5)

Conclusión:
    A. Estos principios no son complejos, y son los que Dios ha decidido usar
    B. Nuestra respuesta a Cristo demanda que asumamos nuestro lugar al poner estos principios en acción
    C. Cada uno de nosotros tiene que preguntarse a sí mismo:
        «¿Estoy capacitado?»

«¿Estoy dando oído a la voz del Espíritu Santo?»

«¿Me estoy identificando verdaderamente con los que han salido a la misión?»

«¿Estoy dispuesto a gastarme y a ser usado de la manera en que el Espíritu de Dios pueda dirigirme?»

D. Dios está esperando oír nuestra respuesta.

Otra manera de llevar este bosquejo último a una apropiada conclusión puede ser mediante una ilustración como la siguiente, que proviene del doctor John G. Mitchell, pastor emérito de la Iglesia Bíblica Central, en Portland, Oregón, y uno de los fundadores de la Escuela Bíblica Multnomah:

Cuando el doctor Mitchell estaba pastoreando una iglesia en Grand Rapids, Michigan, recibió un mensaje de uno de los jóvenes de su iglesia que estaba a punto de dejar los Estados Unidos para servir como misionero en China. Antes de que el joven embarcara rumbo a China, telegrafió al doctor Mitchell pidiendo a su pastor que le diera una palabra final de consejo antes de partir hacia el campo de misión. El doctor Mitchell le respondió de inmediato: «Siéntate a los pies de Jesús, y después cuéntales a los chinos lo que ves.»

El consejo que el doctor Mitchell le dio a este joven es aplicable no sólo al misionero que va al exterior, sino a cada siervo de Jesucristo que recibe el indecible privilegio y honor de proclamar «las inescrutables riquezas de Cristo».

Si vamos a ser dignos ministros de Cristo, sentémonos también a los pies de Jesús hasta que nuestros propios corazones y caracteres sean transformados a la semejanza de nuestro Señor.

Por lo tanto, nosotros todos, mirando a cara descubierta como en un espejo la gloria del Señor, somos transformados de gloria en gloria en la misma imagen, como por el

Espíritu del Señor. Por lo cual, teniendo nosotros este ministerio según la misericordia que hemos recibido, no desmayamos (2.ª Co. 3:18 — 4:1).

EJERCICIOS

1. Preparar una introducción y conclusión apropiadas para el bosquejo de sermón temático titulado «¿Podemos conocer la voluntad de Dios para nosotros?» que aparece en el capítulo 8.

2. Estudiar el bosquejo y los comentarios en el capítulo 3 acerca del bosquejo expositivo titulado «El callejón sin salida», y formular a continuación una introducción, proposición, oración interrogativa, oración de transición, transiciones entre las divisiones principales, y la conclusión del bosquejo, cuidando de que todo ello sea adecuado.

3. En lugar de la ilustración que se muestra al final del capítulo 9 para el sermón titulado «Ganado por amor», dar una ilustración que pueda constituir un punto culminante apropiado para el mensaje.

4. Usando los procesos retóricos considerados en los capítulos 9, 10 y 11, ampliar el bosquejo acerca de «El salmo del contentamiento» que aparece en este capítulo.

5. Preparar un bosquejo completo de sermón temático apropiado para un mensaje del Día de la Madre, dando el título, la introducción, proposición, oración interrogativa, oración de transición, divisiones principales, subdivisiones, transiciones entre las divisiones principales, y la conclusión. Ampliar el bosquejo, usando los procesos retóricos considerados en los capítulos 9, 10 y 11. En la discusión, siempre que sea posible, usar frases breves en lugar de oraciones completas.

6. Preparar un bosquejo completo de sermón textual acerca de Hechos 1:8, siguiendo las mismas instrucciones que para el ejercicio 5.

7. Preparar un bosquejo completo para sermón expositivo acerca de Filipenses 4:4-9, siguiendo el mismo procedimiento que el indicado en el ejercicio 5.

Capítulo **13**

RECAPITULACIÓN

PASOS BÁSICOS EN LA PREPARACIÓN
DE UN BOSQUEJO DE SERMÓN

Debido a la multitud de reglas en la construcción de un sermón que han sido propuestas en los anteriores capítulos, mostramos a continuación los procesos básicos, paso a paso, en la preparación de un mensaje bíblico.

1. Elección de un pasaje

Si estamos predicando siguiendo un libro de la Biblia, la tarea de seleccionar una unidad de las Escrituras para su exposición queda, por ello, eliminada. Simplemente, elegiremos para nuestro siguiente pasaje el que sigue a continuación del anterior. Y éste es el plan ideal, por cuanto no solamente evita al pastor la búsqueda de un texto apropiado, semana tras semana, sino que también le posibilita la enseñanza de un libro entero. Si la serie de sermones acerca del libro que sea no es demasiado extensa, da a la congregación una buena visión general de todo el libro, y también posibilita al predicador el tratamiento de muchos temas delicados que se relacionan con las vidas de su congregación, sin parecer que los está tocando expresamente.

La dificultad en la selección de un pasaje surge cuando no estamos siguiendo un plan concreto, y los pasajes que empleamos no siguen, por tanto, ningún orden especial. Entonces nos vemos obligados a depender de varias circunstancias para tener una indicación de qué dirección debiéramos tomar en la elección de un pasaje de las Escrituras sobre el que predicar. Las necesidades temporales y espirituales de la congregación, épocas festivas especiales, dificultades o tensiones, metas o planes concretos de la iglesia, así como los días regulares de celebración del calendario de la iglesia, nos demandarán unos textos apropiados para cada ocasión. Pero, sea cual fuere la circunstancia en la que tenemos que dar un mensaje de parte de Dios a Su pueblo, hemos de confiar en la guía del Espíritu Santo para que nos dirija al pasaje particular que desea que utilicemos. Al esperar en Él, sin duda alguna Él nos conducirá por diversos medios a la elección del texto correcto.

Mientras meditaba un día en su estudio acerca de la historia del hijo pródigo, un pastor fue tocado por las palabras en Lucas 15:17: «Volviendo en sí.» Estas palabras cautivaron de tal manera el alma del pastor que preparó para el servicio del siguiente domingo por la mañana un mensaje titulado: «Retorno a la cordura espiritual.» Aquel domingo por la mañana una mujer cristiana que vivía en otra ciudad visitó la iglesia. Se había extraviado del Señor y estaba tan abrumada por la culpa, que pensaba que iba a volverse loca. Cuando se sentó en el banco y leyó el título del sermón en el boletín que le había dado el portero, se dio cuenta en el acto de que el mensaje que el ministro iba a predicar era justo para ella. Aquel sermón fue dado por el Señor a Su fiel siervo, y fue utilizado para la restauración de la extraviada mujer a su Señor y a la cordura espiritual.

2. Exhaustivo estudio exegético del pasaje

Hay ocasiones en que el Espíritu de Dios podrá revelar como con un fogonazo, el mensaje que quiere que prediquemos; los aspectos básicos y las verdades del texto que debemos proclamar pueden venirnos de una manera tan singular, que podremos reunir el discurso en unos minutos o en una hora. Sin embargo, la norma general es que la preparación de un sermón exige una investigación diligente y hecha en oración.

3.   Descubrimiento del punto central del pasaje

Se ha considerado ya con cierta extensión, en el capítulo 7, cómo podemos descubrir el sujeto y el complemento del texto, y cómo podemos expresarlos en forma de idea exegética en una sola oración completa. Esta oración indica el principal pensamiento del texto.

También aprendimos, en el mismo capítulo, que la idea exegética lleva al establecimiento de la proposición o idea homilética, en la que se expresa la idea básica del pasaje en forma de un principio permanente, que es cierto para todas las edades, y aplicable universalmente. Esta verdad viene a ser el punto central del mensaje, y esto es lo que el predicador tiene que tratar de llevar a la consciencia de los corazones de sus oyentes a lo largo del mensaje.

Pero una unidad expositiva puede ser considerada desde más de un punto de vista, dependiendo ello de la perspectiva desde la que el Espíritu Santo pueda conducir a uno a su examen. Nos hemos referido a esto en el capítulo 3, en relación con el método del enfoque múltiple de un pasaje. Sin embargo, tenemos que recordar constantemente que nuestro objetivo principal deberá ser expresado de manera que relacione el pasaje de las Escrituras con el auditorio.

4.   Preparación del bosquejo del sermón

Para cuando el predicador ha finalizado su estudio exegético del pasaje, generalmente tiene ya una buena idea en cuanto a la estructura del pasaje y a las divisiones naturales del texto. Estas divisiones naturales pueden suministrar las divisiones en versículos para el bosquejo del sermón, pero éste no es siempre el caso. Sólo después de que el predicador haya expresado su proposición, está listo para seguir con la preparación del bosquejo del sermón, porque, como ya hemos afirmado anteriormente, la tesis es la base sobre la que se erige el sermón, y, con la oración de transición que va con ella, indica la dirección que seguirá el discurso. Las divisiones principales revelan, desarrollan o explican el concepto expresado en la proposición.

Si el predicador se propone preparar su sermón mediante el método inductivo, pondrá sus puntos en una secuencia ordenada, culminando con la declaración de la proposición al final de su predicación. O, dependiendo del objetivo que tenga el ministro para su discurso, podría no haber ninguna expresión formal de tesis en todo él.

También hemos aprendido que las divisiones principales deberían ser expresadas con claridad, a fin de que sean inteligibles de inmediato para los oyentes, y que los puntos del bosquejo deberían progresar paso a paso hasta alcanzar un punto culminante. Una de las ventajas de un bosquejo claramente razonado y lógico es que facilita al predicador la asimilación del mensaje al proclamarlo a la congregación, evitando así la distracción que resulta para él mismo y para los oyentes cuando echa frecuentes miradas a sus notas. Al mismo tiempo, la audiencia encuentra mucho más fácil seguir un discurso que está claramente expuesto en una secuencia ordenada, con transiciones suaves que les ayuden a reconocer el movimiento de las ideas de una unidad de pensamiento a la siguiente.

5. Relleno del bosquejo del sermón

Una vez que ha preparado los encabezamientos principales y los subordinados de su sermón, el predicador debería, a continuación, rellenar su bosquejo con el material apropiado para expresar a los oyentes las ideas representadas por las divisiones principales de su bosquejo.

Por cuanto uno de los principales propósitos del sermón es el de explicar el significado del texto, el material que el ministro debiera emplear para el relleno del bosquejo debe venir primero de los datos que ha reunido en su exégesis del pasaje bíblico. Además de esto, puede incluir hechos extraídos de varias fuentes, como otras formas de literatura, sus propias experiencias personales, las experiencias de otros y la observación del mundo a su alrededor. Mediante el uso de sus facultades imaginativas, puede también suscitar imágenes mentales para añadir una deliciosa lozanía a su presentación de la verdad, siempre y cuando ejercite su imaginación de una manera juiciosa.

En la ampliación del bosquejo del sermón, el predicador precisa emplear más de uno de los siguiéntes procesos retóricos: explicación, argumentación, cita, ilustración y aplicación. Como hemos dicho, la explicación del texto es fundamental en la interpretación de cualquier pasaje de las Escrituras. Sin embargo, el orden en el que usemos los otros procesos retóricos dependerá de las circunstancias y condiciones que puedan surgir al proceder al desarrollo del sermón, punto por punto.

Al haber reunido una considerable cantidad de material para ampliar su bosquejo, el principiante puede sentir la tentación de incluir demasiado material en su comunicación. Si intenta presentar esta acumulación de ideas a su congregación, se perderá en la profusión de conceptos y hechos, y su audiencia se confundirá por el volumen de material que les presenta.

Para evitar esta situación, el predicador debería tener como lema la simplicidad. Tiene que mantener ante él la verdad central que está tratando de enseñar, y con cuidado, pero de manera implacable, eliminar todo material extraño a ésta. Un discurso que tenga un propósito claramente definido y que se mueva rápida y constantemente hacia su punto culminante será, por lo general, mucho más eficaz y poderoso que otro en el que, tanto orador como oyentes, queden atrapados en una gran cantidad de detalles, o uno que sea demasiado difícil de asimilar por parte de la congregación.

El ministro debería valorar en todo el mensaje el tiempo a asignar a cada punto. Algunas partes del sermón pueden demandar más atención que otras, dependiendo ello de la importancia de cada sección y de la respuesta de la audiencia.

6. Preparación de la conclusión, introducción y título

Mientras que los pensamientos que le han sobrevivido en el curso del desarrollo del cuerpo de su discurso siguen estando frescos en su mente, el predicador debería preparar la conclusión. Una vez que ha llevado el mensaje a su punto culminante en la conclusión, debería poner punto final. La capacidad de atención del oyente medio es limitada. Por ello, el ministro no debería prolongar la conclusión del sermón.

La introducción y el título del sermón son frecuentemente los últimos puntos a preparar, no porque sean poco importantes, sino debido a que el artífice de los sermones llega a tener una idea más clara de cómo debería introducir su tema, una vez ha preparado la mayor parte de su mensaje y sabe qué es lo que va a tratar a través del discurso.

7. Dependencia en oración bajo el Espíritu de Dios

Aunque ya se ha mencionado antes, es imposible insistir demasiado sobre ello. Junto con el tiempo y esfuerzo que dedicamos a la preparación y predicación de un sermón, nuestro ministerio tiene que ser siempre llevado a cabo en una dependencia llena de oración bajo el Espíritu de Dios. Solamente Él puede poner los pensamientos correctos en nuestras mentes, las palabras adecuadas en nuestros labios, y llenarnos de un espíritu amante y lleno de gracia con el que proclamar el mensaje, de manera que la bendición de Dios pueda asistir a la comunicación de Su verdad. Entonces sí podremos predicar en el poder del Espíritu Santo a hombres y mujeres necesitados, y para el levantamiento de almas fatigadas, para gloria de nuestro bendito Señor y Salvador Jesucristo.

«Porque no nos predicamos a nosotros mismos, sino a Jesucristo como Señor, y a nosotros como vuestros siervos por amor de Jesús» (2.ª Co. 4:5).

BIBLIOGRAFÍA

*Los títulos marcados con un * están en castellano*

AYER, WILLIAM WARD, «Study Preparation & Pulpit Preaching», *Bibliotheca Sacra*, Vol. 124:494 (April-June, 1967).
—, «Preaching to Combat the Present Revolution», *Bibliotheca Sacra*, Vol. 124:495 (July-September, 1967).

BAIRD, JOHN E., *Preparing for Platform and Pulpit*. Nashville: Abingdon Press, 1968.
BAUMANN, J. DANIEL, *An Introduction to Contemporary Preaching*. Grand Rapids: Baker Book House, 1972.
* BERKHOF, L., *Principios de interpretación bíblica*. Terrassa: Editorial CLIE, 1980.
BLACKWOOD, ANDREW W., *Preachng from the Bible*. Nashville: Abingdon-Cokesbury Press, 1941.
* —, *Preparación de sermones bíblicos*. El Paso: Casa Bautista de Publicaciones.
—, *The Fine Art of Preaching*. Nueva York: The Macmillan Company, 1937.
BLOCKER, SIMON, *The Secret of Pulpit Power Through Thematic Christian Preaching*. Grand Rapids: Wm. B. Eerdmans, 1951.
BOWIE, WALTER RUSSELL, *Preaching*. Nashville: Abingdon Press, 1954.
BRACK, HAROLD A. y HANCE, KENNETH G., *Public Speaking and Discussion for Religious Leaders*. Englewood Cliffs, New Jersey: Prentice Hall, Inc., 1961.
BRASTOW, LEWIS O., *The Word of the Preacher*. Boston: The Pilgrim Press, 1914.

BREED, DAVID RIDDLE, *Preparing to Preach.* Nueva York: George H. Doran Company, 1911.

* BROADUS, JOHN A., *Tratado sobre la predicación.* El Paso: Casa Bautista de Publicaciones.

BROWN, H. C., Jr., CLINARD, H. GORDON, y NORTHCUTT, JESSE J., *Steps to the Sermon.* Nashville: Broadman Press, 1963.

BURRELL, DAVID JAMES, *The Sermon, Its Construction and Delivery.* Nueva York: Fleming H. Revell, 1913.

BRYAN, DAWSON C., *The Art of Illustrating Sermons.* Nashville: Cokesbury Press, 1938.

CAEMMERER, RICHARD R., *Preaching for the Church.* San Luis: Concordia, 1959.

* COSTAS, ORLANDO, *Comunicación por medio de la predicación.* Miami: Editorial Caribe.

* CRANE, JAMES D., *El sermón eficaz.* El Paso: Casa Bautista de Publicaciones.

DAVIS, HENRY GRADY, *Design for Preaching.* Filadelfia: Fortress Press, 1958.

DAVIS, OZORA, S., *Principles of Preaching.* Chicago: University of Chicago Press, 1924.

DEMARAY, DONALD E., *An Introduction to Homiletics.* Grand Rapids: Baker Book House, 1976.

DEWELT, DON, *If You Want to Preach.* Grand Rapids: Baker Book House, 1957.

ETTER, JOHN W., *The Preacher and His Sermon.* Dayton, Ohio: United Brethren Publishing House, 1902.

EVANS, WILLIAM, *How to Prepare Sermons and Gospel Addresses.* Chicago: The Bible Institute Colportage Assn., 1913.

FAW, CHALMER E., *A Guide to Biblical Preaching.* Nashville: Broadman Press, 1962.

FORD, D. W. CLEVERLEY, *The Ministry of the Word.* Grand Rapids: Wm. B. Eerdmans, 1979.

GIBBS, ALFRED P., *The Preacher and His Preaching.* Fort Dodge, Iowa: Walterick Printing Company, s. f.

* HAWKINS, TOMÁS, *Homilética práctica*. El Paso: Casa Bautista de Publicaciones.

HOGUE, WILSON T., *Homiletics and Pastoral Theology*. Winona Lake: Free Methodist Publishing House, 1949.

HOLMES, GEORGE, *Toward and Effective Pulpit Ministry*. Springfield, Missouri: Gospel Publishing House, 1971.

HOPPIN, JAMES M., *Homiletics*. Nueva York: Dodd, Mead and Company, 1881.

JORDAN, G. RAY, *You Can Preach*. Nueva York: Fleming H. Revell, 1958.

KAISER, WALTER C., Jr., *Toward an Exegetical Theology, Biblical Exegesis for Preaching and Teaching*. Grand Rapids: Baker Book House, 1981.

KNOTT, HAROLD E., *How to Prepare an Expository Sermon*. Cincinnati: Standard Publishing Company, 1930.

KOLLER, CHARLES W., *Expository Preaching Without Notes*. Grand Rapids: Baker Book House, 1962.

LANE, DENIS, *Preach the Word*. Welwyn, Hartfordshire, Inglaterra: Evangelical Press, 1979.

LEHMAN, LOUIS P., *How to Find and Develop Effective Illustrations*. Grand Rapids: Kregel Publications, 1975.

LLOYD-JONES, D. MARTYN, *Preaching and Preachers*. Grand Rapids: Zondervan, 1972.

LOCKYER, Herbert, *The Art and Craft of Preaching*. Grand Rapids: Baker Book House, 1975.

MACPHERSON, IAN, *The Burden of the Lord*. Nashville: Abingdon Press, 1955.

* MARTÍNEZ, JOSÉ M., *Ministros de Jesucristo*. Vol. I. Ministerio y Homilética. Terrassa: Editorial CLIE.

MEYER, F. B., *Expository Preaching: Plans and Methods*. Nueva York: George H. Doran Company, 1912.

MICHELSON, A. BERKELEY, *Interpreting the Bible*. Grand Rapids: Wm. B. Eerdmans, 1963.

MILLER, DONALD G., *Fire in Thy Mouth*. Grand Rapids: Baker Book House, 1976.

MONTGOMERY, R. AMOS, *Expository Preaching*. Nueva York: Fleming H. Revell, 1939.

PATTISON, T. HARWOOD, *The Making of the Sermon*. Filadelfia: The American Baptist Publication Society, 1898.

PERRY, LLOYD M., *A Manual for Biblical Preaching*. Grand Rapids: Baker Book House, 1965.

—, *Biblical Sermon Guide*, Grand Rapids: Baker Book House, 1970.

PHELPS, AUSTIN, *The Theory of Preaching*. Nueva York: Charles Scribner's Sons, 1892.

RAMM, BERNARD, *Protestant Biblical Interpretation*. Boston: W. A. Wilde Co., 1956.

RAY, JEFF D., *Expository Preaching*. Grand Rapids: Zondervan, 1940.

REU, M., *Homiletics, A Manual of the Theory and Practice of Preaching*. Minneapolis: Augsburg Publishing House, 1950.

RILEY, W. B., *The Preacher and His Preaching*. Wheaton: Sword of the Lord Publishers, 1948.

ROBINSON, HADDON W., *Biblical Preaching*. Grand Rapids: Baker Book House, 1980.

RODDY, CLARENCE STONELYNN, *We Prepare and Preach*. Chicago: Moody Press, 1959.

SANGSTER, WILLIAM EDWIN, *The Craft of the Sermon*. Filadelfia: Westminster Press, s. f.

SKINNER, CRAIG, *The Teaching Ministry of the Pulpit*. Grand Rapids: Baker Book House, 1979.

SLEETH, RONALD E., *Persuasive Preaching*. Nueva York: Harper & Brothers, 1956.

* SPURGEON, CHARLES H., *Apuntes de sermones*. Grand Rapids: Publicaciones Portavoz Evangélico, 1975.

* —, *Discursos a mis estudiantes*. El Paso: Casa Bautista de Publicaciones.

STEWARD, JAMES S., *Heralds of God*. Nueva York: Charles Scribner's Sons, 1946.

* STIBBS, ALAN M., *Exponiendo la Palabra*. Misiones, Argentina: Ediciones Hebrón.

TERRY, MILTON, *Biblical Hermeneutics*. Grand Rapids: Zondervan, s. f.

TORREY, R. A., *How to Study the Bible for Greatest Profit*. Londres: James Nisbet & Company, 1908.
* TRENCHARD, ERNESTO, *Consejos para jóvenes predicadores*. Madrid: Literatura Bíblica, 1957.
* TREVIÑO, A., *El predicador: pláticas a mis estudiantes*. El Paso: Casa Bautista de Publicaciones.

UNGER, MERRILL F., *Principles of Expository Preaching*. Grand Rapids: Zondervan, 1955.

* VILA, SAMUEL, *Manual de Homilética*. Terrassa: Editorial CLIE, 1982.
VINET, A., *Homiletics of the Theory of Preaching*. Nueva York: Ivison and Phinney, 1854.

WEATHERSPOON, JESSE BURTON, *Sent Forth to Preach*. Nueva York: Harper & Brothers, 1954.
* WHITE, DOUGLAS M., *Predicación expositiva*. El Paso: Casa Bautista de Publicaciones.
WHITE, R. E. O., *A Guide to Preaching*. Grand Rapids: Wm. B. Eerdmans, 1973.
WHITESELL, FARIS DANIEL, *Evangelistic Preaching and the Old Testament*. Chicago: Moody Press, 1947.
—, *Power in Expository Preaching*. Nueva York: Fleming H. Revell, 1963.
—, *Preaching on Bible Characters*. Grand Rapids: Baker Book House, 1955.
* —, *Variedad en la predicación*. Maracaibo: Editorial Libertador.
WILSON, GORDON, *Set for the Defense*. Western Bible and Book Exchange, 1968.

INDICE DE BOSQUEJOS DE SERMONES

SERMONES EXPOSITIVOS

SERMONES TEMÁTICOS

SERMONES TEXTUALES

INDICE DE NOMBRES

INDICE DE TEMAS

Un asterisco (*) delante de una palabra indica que la palabra que sigue tiene entrada en este índice.

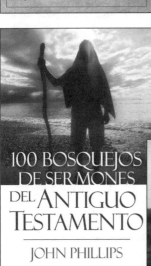
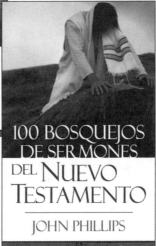

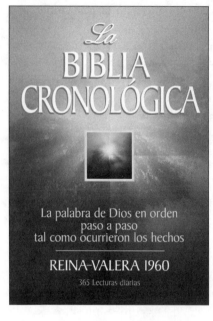

La Biblia cronológica

F. LaGard Smith

UNA BIBLIA COMO NINGUNA OTRA
La Palabra de Dios en orden, tal como ocurrieron los hechos.

Esta presentación única de la Palabra de Dios en orden de acontecimientos nos ayuda a ver y entender con más claridad el plan redentor desde la creación hasta el Apocalipsis. Mediante el orden de sucesos, el creyente apreciará el plan de Dios para su vida como nunca antes. La lectura de la Biblia será más informativa y vibrante. Al ver la perspectiva global y cada parte individual en su contexto adecuado, el lector se sentirá a veces complacido, a veces sorprendido, y siempre edificado.

En *La Biblia cronológica* encontrará:

La versión Reina-Valera 1960
…la versión más utilizada de las Escrituras, una traducción respetada y fácil de entender.

Un arreglo histórico de cada libro de la Biblia
…permite comprender el plan redentor de Dios desde la creación hasta el Apocalipsis en el orden de los acontecimientos.

Comentarios devocionales
…para guiar al lector de pasaje en pasaje y preparar la escena con datos históricos y nuevas percepciones espirituales.

365 secciones de fácil lectura
…para leer toda la Palabra de Dios en un año.

Un enfoque temático de Proverbios y Eclesiastés
…para conocer aspectos concretos de la sabiduría de Dios.

ISBN: 978-0-8254-1635-4 / Tapa dura
ISBN: 978-0-8254-1609-5 / Gamuza